R U N A W A Y
L A W Y E R ' S
D I A R Y

R U N A W A Y
L A W Y E R ' S
D I A R Y

我不是叛逆，只是想活得更精彩

小律師的逃亡日記

黃昱毓——著

自序

這是一本旅遊心得書？還是勵志書？在心中糾結了好長一段時間。當初決定提筆的時候，和呂總編輯討論的是一本好用的工具書。因為我在國外這麼長的時間，走遍了五個國家，體驗過遊學、自助旅行、度假、打工以及留學等不同旅行方式，應該可以提供給所有想要出國生活的朋友，一份很好的經驗分享跟建議。

然而在撰寫的過程中，它卻成了一本勵志書。我幾乎掏空了所有內心最真實的感受，就算最終會被刪除或改寫，也想在最初的一次機會，道盡這幾年在國外生活的種種。像是一種強迫別人聽我分享的感覺。還好這些話語，最終也感動了編輯們，她們告訴我，確實能在我的書裡，得到一些不一樣的東西。這是我這一生中聽到最好的讚美，因為它不僅是對我想法的認同，也代表了這幾年在國外的生活，並沒有白費。

這本書，會帶大家陪我再走一次這趟充滿收穫的旅程。它不僅僅是一場冒險，更不是gap year，而是經歷跟大家一樣的求學、就業生涯後，另一段不一樣且充滿學習與奮鬥的人生。故事很長很長，有很多很細微卻無法捨棄的片斷，也正因為這些片斷的努力，而造就我現在能這樣更樂觀、更正向地面對未來，甚至成為比過去具備更多條件，擁有更多機會的人。

因此我寫下這本書，想讓所有閱讀這本書的人，都能體會到我想表達的人生選擇，跟這個世界是一樣大、一樣遼闊。只要你的心底有那一絲絲期盼，哪怕讓你卻步的困難再巨大，也不要浪費時間游移不定，不如出發後去發現自己其實有能力一一克服。而過程中也請不要讓自己選擇逃避，既然永遠都無法逃離人生的戰場，那不如讓自己不管身在何方，都不要放下讓自己變得越來越好的堅定。

希望這本書能帶給大家勇氣。

黃昱航

目錄。

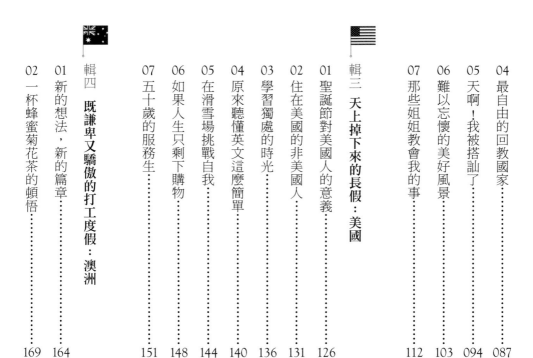

讓夢想開始

每個人心中都有夢想，我也是。

我是個習慣去規畫、去實踐的人。完成了碩士學位，也當上了律師。但每個目標的達成，不是結束，而是另一個發現自己不足的起點。如果將考上律師視為人生最後的成功，那麼我想說的是，律師的工作生涯讓我對自己產生了更多的不滿。我花費大部分的精力在處理別人的麻煩，卻沒有時間解決自己的難題；變胖、被分手、沒有成就感，我讓工作填滿了生活，卻沒有時間去旅行，甚至不能再上瑜伽。

我開始懷念過去那個還沒完成目標的自己，雖然辛苦彷徨，眼裡卻充滿了光芒。儘管跟大家一樣過著平凡的日子，卻壓抑不了對不平凡的期待。我終於知道自己就是屬於過苦日子類型的人，無法停滯下來。我還能夠做很多事情，也有很多事情想做——我可以活得更出色。

要讓一直以來循規蹈矩的自己，放下已經擁有的真的不容易，畢竟這一切也都是過去的辛苦換來的。我是那樣的普通，沒有優異的外語能力，甚至沒有贏過別人的聰明。那我擁有什麼，有什麼專屬的特質，可以讓自己走出去，走出一條不一樣的路？

出走跟結婚一樣需要有跳進墳墓的衝動，因為那股衝動，還有很想再辛苦一次的念頭，加上那種「現在不做以後也不會做」的壓力灌頂，在二十九歲即將告別二字頭的時候，我做了只對自己負責的決定，決心開啟一段定義為學習的旅程。決定後才發現，我擁有的是勇氣，有為自己負責的爭氣，也有不會後悔的硬脾氣。

如果人生還要再奮鬥三十年，那能不能讓我空白三年。這樣的三年沒什麼好怕的，只是跟別人不一樣而已。從前沒有人願意嘗試重考，寧願進入不喜歡的學校科系，只因為重考會讓自己跟別人不一樣。但長大後發現，有很多人為了考上律師也耗費許多年，相比之下，過去重考的一年究竟有什麼可怕的，又有誰會記得呢？從頭來過不可怕，跟別人不一樣不可怕，可怕的是不知道自己要的是什麼。

這不會是 gap year，因為沒有一段人生可以被空白、被忽略。我不願意讓生活中的任何一刻失去意義，這應該要是一段更辛苦、更有收穫的冒險。我訂下了每段日子的生活方式，以及將秉持的學習態度，希望從中得到成長。如果當律師是為了未來奮鬥，而學習的旅程也是在為自己努力，那麼我便不虛此行。

我有勇氣，我也清楚我要的，那，我可以逃亡了。

從符合社會期待的生活中逃亡，我計畫在國外生活，不是旅行，是實實在在的生活，從無到有的建構，新的經濟來源、學習環境和人際關係。我不知道能走多久、走多遠，但我知道我不會輕易放棄。

故事從到菲律賓遊學開始，土耳其旅行、美國度假、澳洲打工，最後在日本留學。五個國家、五場冒險、五種旅行方式、五段深刻的記憶。旅程超過原定計畫的三年，並且還在繼續。但我卻迫不及待想說給大家聽，因為我真的很想讓大家知道，要實現夢想真的很簡單，那就是先讓夢想開始！

遊學一點也不簡單

—— 菲律賓 ——

PHILIPPINES

01

什麼?!到菲律賓學英文

錢絕對不能成為阻擋自己的理由，沒有錢有沒有錢的辦法。……我立志要找到便宜又經濟的遊學方式！

我的逃亡雖然衝動，卻不是沒有想法：第一站一定要去學英文！這不僅是因為要在國外生活三年，語言是最基本的能力，更攸關身為一個專業人士的自尊。能考上律師代表中文不算太差，但我卻有著很難啟齒的爛英文。除了努力外，更重要的是才能。有人在國民教育下就能說一口流利的英語，但那人就不是我，我在學生時代最大的弱點就是英文，上台背課文還需要靠同學提點，這是一直讓自己很自卑的部分。不僅如此，職場上遇到英文文件時，也是避之唯恐不及，常常都要安慰自己，因為老天爺是公平的，如果連英語都嚇嚇叫的話，那就考不上律師了。所以我也不怪老天爺，決定要靠自己去克服！我的第一站一定要去遊學，一定要能開口說英文！

要解釋在菲律賓學英文這件事真的很不容易，因為在五、六年前，沒有人會去菲律賓學英文。先別提菲律賓腔了，在剛好發生香港巴士槍擊案（發生於二〇一〇年八月二十三日，一名被革職的菲律賓警員為要求當地政府恢復他的職務，在馬尼拉劫持了一輛香港旅行團旅遊巴士，最後與警方爆發槍戰，造成八人死亡。）的這個時刻，去菲律賓已經不是學不學得到英文的問題，根本在人身安全上就有很大的疑慮。家人當然全力阻止，但好險我也沒有說服他們的打算。

旅程從一開始就不存在堅強的理由，選擇到菲律賓遊學當然也不可能說得出什麼深奧的道理。但事出還是有因，在安排第一站的時候，我就發現「為什麼小時候去遊學的都是有錢同學」的真相，因為就算是最便宜的加拿大，我都負擔不起。不過錢絕對不能成為阻擋自己的理由，沒有錢有沒有錢的辦法。若要將旅程延長，不僅要開源也要節流，我立志要找到便宜又經濟的遊學方式！而事實證明真的有，就在某天翻閱報紙的時候，竟然發現有旅行社在推廣菲律賓遊學——這真的是老天爺在偷偷幫我！

菲律賓的語言學校是韓國人開辦的。不去還真不知道，菲律賓人對韓國有種莫名的崇拜，且非常喜歡韓國文化；韓國人在菲律賓也如魚得水，他們利用菲律賓採用英語教育的優勢，聘用便宜的菲律賓老師，設立物美價廉的語言學校，提供韓國學生短期在國外遊學。這樣的語言學校以三個月為一期，其實幾乎所有的課程安排都是以三個月為單位，而且也很少有學生會待超過三個月；就像是一個跳板，期滿後可以選擇去更標準英語系的國家留學，或是打工度假。由於師資便宜，可以提供一整天的英語學習環境，這是其他國家的遊學所辦不到的。不過這種像是先修班一樣的設計，是不建議英文已經有一定程度的人前往，因為學校裡大部分的學生與教材都集中在初級到中級階段。

前往菲律賓遊學這樣一個特殊經歷真的需要很大的篇幅來分享，因為這算是自己人生眾多決定當中，最具創舉也最有收穫的一個。我選擇的學校在宿霧，分成兩個校區：斯巴達校區和有提供雅思課程的一般校區。兩個校區我都待過，也分別有不同的體驗。

一開始先到斯巴達校區，這裡號稱每天上課時數可以超過十個小時，包括一對一、一對四，以及大教室多人數的課程。所謂的一對一，就是一個老師對一個學生的方式，無論是聽說、讀寫都是一對一的課程。一對四是團體討論課，多人數的課程則可以自己選擇，有新聞、電影或是特殊考試講座（如多益）等等。每天第一堂從早上的六點四十分開始，是的，你沒有聽錯，菲律賓的一天超早開始的。從六點四十分上到八點十分後，才可以去吃早餐。接下來從八點半開始，就是一連串的必修加選修課，除了午、晚餐外，一路上課到晚上九點，課堂間幾乎都只有十分鐘的休息時間。漫長的一天才剛結束，明天又重複再來一次。這裡的課程不像大學一樣每週重複一次，而是每天重複一樣的課卻是不同的內容。換句話說，今天早上十點是聽說課，明天早上的十點依然是聽說課，作業也不是一週交一次，是天天都要交。如果你問我這樣密集的課程要怎麼寫作業，這就是重點了，你以為九點下課後就可以玩了嗎？不是的，下課後就是寫作業的時間——自習室永遠人山人海。

這樣的課程安排，讓我發現原來人的一天可以那麼長，每天的奮鬥都令人精疲力竭，呼呼大睡。但我幾乎在第一週就能開口說出足以讓人理解的英文了，雖然不是很高級的英語，卻是能跟外國人交流的一大步。

02

韓國人真的很愛競爭？

這種良性競爭帶給我更多的動力，原本疲憊的社會人靈魂，像是再一次回到跑道上，加入這個世界、重新學習用力呼吸。

在我去遊學的時候，這間語言學校還沒有什麼外國人。記憶中，一百多位學生裡，只有三位台灣人、兩位日本人，其他超過一百位都是韓國人。每週都有新生進來，也有舊生離開，同一週一起入學的人會形成一個團體，稱為batchmate，他們會是你最開始的朋友。我的batchmate有十三個人，其中只有我一個台灣人，其他都是韓國人。一開始真的超級害怕，畢竟關於韓國人的謠言很多，愛競爭、愛搞小動作，很團結又排外。這些偏見讓我戒慎恐懼，總覺得會被排擠。

在介紹跟韓國人的交手前，先稍稍說明學校的環境。基本上我們大多數的時間都是被關在校內的。學生們只有在下課後到十一點門禁前可以出去，不過因為離最近的購物中心有點距離，所以只能在附近商店買買零食，真正能出門去玩的時間只有週末而已。因此在斯巴達校區，大部分的學生都是聚集在校園裡，然而校園並不算大，除了宿舍與教室外，就只剩下一個羽球場、一個小排球場，還有一座游泳池及圍繞著泳池邊的休憩座位。

這樣的封閉式環境，簡直讓人無處可逃。除了剛開始的幾天，還在嘗試著跟室友練習講英文外，幾乎不到一週，我就勇敢走出門交朋友了。我的性格其實跟鬥雞差不多，討厭被看扁，更不喜歡被人當累贅，當第一次發現同為台灣人的同學帶有一點不想跟我說中文的暗示時，就知道必須要自立自強。如果要一直待在安全的地方，接受能力比我強的人的保護，那就待在台灣，讓甩不掉我的老朋友們保護就好了；如果不能靠自己的力量，像在台灣一樣拓展生活圈，那只需要偶爾來趟小旅行就夠了，不需要硬著頭皮辭職，還抬高下巴嚷嚷說我是要去國外生活。

這裡是一個充滿韓國人的擁擠小學校，這裡就是我的戰場。

我試跟著 batchmate 們一起在學校合作社買飲料聊天，他們大部分都是用韓語溝通，但會顧慮到我而翻譯成簡單的英文。一開始我會嘗試著靜靜的聽，但被動的聆聽依然帶有距離，我還是想跟在台灣一樣，成為與大家一起熱鬧起鬨的人，所以告訴自己一定要攻破這個小圈圈。要加入一個群體，尤其是異文化的團體時，勢必要了解他們的運作方式。無論是偶像劇裡的歐巴、餐桌上的泡菜、或運動場上的較勁，這些都是韓國，也確實跟我認識的韓國相近。

提到韓劇裡的歐巴（妹妹叫哥哥的韓語），總覺得很親暱，但其實滿街比女生年紀大的男生她們都要叫歐巴。因為韓國是一個擁有特殊團體文化的國家，非常重視上下輩關係，對年長自己即便只有一歲的人，也必須要稱哥、姐。他們倡導天下一家的觀念，就算不是有血緣關係的人，也要當做是兄姐一樣尊敬。這樣的文化融入生活中、語言裡，對比自己年長的人要用敬語，喝酒時不能正面喝，必須要客氣地別過頭喝。而倍受尊敬的哥哥姐姐也不見得好當，跟後輩出去吃飯時，就習慣上由年長的人來付錢；還有男女生出去用餐時，也是由男生付錢，這是他們的習慣。不過在學校這裡，因為同樣都是在遊學，所以金錢上會各付各的，但其他的禮儀並不會欠缺。

「朋友」對韓國人而言，是指同年紀的人。可以很明顯地發現在和年紀相仿的人相處時，他們會變得比較輕鬆、也較容易親近。所以當第一次遇到韓國人時，他們第一句通常會問名字，第二句就會問年紀了。一開始還覺得有點沒禮貌，了解箇中原因後才明白，原來不知道年紀會讓他們連說話都不知道該用什麼方式才恰當。這樣的文化，讓他們把團體中的輩分界線劃分得十分清楚，甚至會在小團體裡再依年紀區分為一些更小的團體。

幸好我是一個外國人，再加上英文裡也沒有敬語，所以他們沒有將這些規範加諸在我身上，也因為不用受制於這些規範，才讓我就像是拿到許可般的，可以沒大沒小，不管跟誰都形成一種非常平等自在的關係。還記得第一次聽到韓國弟弟不小心叫我「奴那」（弟弟叫姐姐的韓語）時，因為覺得十分有趣，便說：「以後就這樣叫我好了。」當下卻被拒絕，他們說真的很不想叫我姐姐，只想要像朋友一樣。我才感受到這些稱謂對他們而言，其實異常的沉重。

至於泡菜，我第一天就喜歡上了。

這個學校有幾樣好處，第一個是不用自己煮飯，第二個是不用自己打掃，第三個就是不用自己洗衣服。這真的是我在外流浪的幾年裡，過得最像大爺的日子。學費把食宿通通包在裡面，每週會有人固定來打掃房間，還有專門的洗衣房，會把送去的衣服洗乾淨，並且摺好交還給我們。餐廳提供的是韓國菜，在固定的時間，會擺上一盒盒的樂扣樂扣，裡面有兩樣小菜、一樣主菜、外加一份湯跟水果，還有唯一可以吃到飽的泡菜。也許說不上道地，但都是菲律賓廚師們努力端上桌的韓式料理，很多都是很經典的家常菜。

韓國人的飲食習慣非常一致，除了必備的泡菜外，所有的主菜、配菜，甚至是湯，不是用泡菜去煮，就是用韓式辣椒醬調味。從台灣出發前，遊學代辦中心的人就提醒過在語言學校吃不到熱炒青菜，大多是加入韓式辣椒醬類的拌菜，很多人吃不習慣。但我就像是天賦異稟般，對於這樣的辣拌菜是完全上手，更正確的說，我本來就是一個很不喜歡吃熱炒青菜的人。記得有次在餐桌上看到韓國同學拿出一罐辣椒醬來，說是奶奶做的，宛如珍寶似地加在飯和菜上面，像是沒有了它就沒有辦法吃飯一樣。我也淺嘗了一口奶奶牌辣椒醬，是真的很好吃，跟飯拌在一起也非常夠味，但坦白說，有了味道很重的辣椒醬後，每樣料理幾乎都變成一樣的奶奶的味道。這是另一種思鄉情懷嗎？還是單純的從小吃到大、沒法放棄的好滋味？

我曾經在早餐時發現幾樣菲律賓菜，例如蒜酥拌飯，把蒜頭煎酥拌入白飯，又油又香的滋味，這絕對是喜歡油蔥酥的台灣人不可能討厭的料理。但韓國朋友卻體會不出我津津有味的享受，還是拿出了奶奶牌辣椒醬。我問其他韓國朋友們說：「如果之後你們到了澳洲打工度假，也會堅持吃泡菜辣椒醬料理嗎？」他們說當然會，不管到哪裡旅遊，他們一定會先奮力找到韓國餐廳——事實上，菲律賓也確實滿街林立著韓國餐廳。不得不承認，泡菜辣椒醬料理確實有它的魔力，我也深深著迷其中。雖然到後來很多台灣同學受不了會到外面餐廳吃飯，我卻一點也沒有討厭過學校的韓國菜，反而覺得它養成了我另一個味覺，讓我日後對於韓國菜特別容易上手，甚至餐餐無泡菜不歡。

討論韓國菜也成為一個開啟話題的好方法。除了短暫的下課十分鐘，就數吃飯的時間最能找到和朋友聊天的機會。對我來說，每天的菜色都很新鮮，我總是利用飲食文化的差異，來和韓國朋友們暢談彼此之間不同的種種。跟外國朋友往來，尊重真的很重要。儘管不能理解韓國人在飲食習慣上的保守，但我很尊重他們對自己文化的堅持；相反地，台灣人在這方面就很欠缺，往往習慣於去習慣別人，卻容易忘記屬於我們的是什麼。

我發現每次提到自己的國家時，就得花時間奮力去解釋台灣與中國的關係。而讓我更震驚的是，韓國同學連他們手中所使用的 Acer 電腦，都不曉得是出自於台灣。別人對我們了解得很少，我們卻容易以為自己很重要。在台灣時，我看著媒體群眾以韓國為對手奮力抨擊；卻在真實生活中，發現自己是第一個他們產生興趣的台灣出品，這對我來說是第一個衝擊。但這沒有什麼好生氣或沮喪的，不管是因為我們國家的影響力小，或者也可能是他們見識得少，對彼此來說都有值得再成長的地方。

我開始不厭其煩的介紹自己，也毫不掩飾的對把台灣誤以為是泰國的同學翻白眼。因為這是兩個國家間的小小代表，一個很重要的相遇、相識的交會點。

該較勁的部分，還是不能怕輸。

學校有著很嚴格的分級考試跟各項模擬測驗。分級考試是一入學就要參加的，會依程度把大家分在相對應的班級。從分級考試出來之後，就像被分在不同階層一樣，開始有了上下關係。總共有一到四級，每級又再細分L、M跟H，H是最高階，也就是總共有十二級。一開始被分到2M，讓至少受過國民教育十二年加上大學四年的我真的覺得有點抬不起頭，但沒想到互相分享後，我竟然是batchmate中可以排上前三名的。由於一直對開口說英文充滿恐懼，所以被分到2M讓大家都感到很詫異，也因此我好像慢慢開始有了小小的被尊敬感。一、二級的差別在於，每天早上六點的早晨班，一級的人要被強迫去上單字課。聽同學說，每天要背上百個單字，而且天天考試。大教室裡有上百人，每天都像進監獄一樣，一大批一大批進去，再一大批一大批被送出來。二級以上的，則像是活在另一個世界，至少可以選擇自己喜歡的課程，像是多益或是CNN新聞。

除了分級考試，還有每個星期六的模擬測驗。學校安排了一週多益、一週升級考試、一週雅思，最後一週休息的課程。也就是說幾乎每週都要接受考試來評定有沒有進步，甚至變更級數。這對很有競爭意識的韓國人來說，是很重要的挑戰，因為非常不喜歡輸給別人，唯有透過競爭才能找到學習的動力。但偏偏他們又不好意思問彼此分數做比較，最後變成通通來問我，我就像是一個關主般，每週都要接受新的挑戰。本來是不想去在乎成績的，因為我已經用上前半輩子在應付考試。但比起成績更重要的是面子，身為台灣的選手代表，要輸給那些外國人我也不願意，這樣的念頭，使得我也必須很認真的投入學習。這種良性競爭帶給我更多的動力，原本疲憊的社會人靈魂，像是再一次回到跑道上，加入這個世界、重新學習用力呼吸。

除此之外，下課後的較勁也很精彩。我常在課後跟台灣朋友 Ina 一起打球，她的 batchmate 中有個叫 Tiger 的韓國男生得知後，吵著要加入。Tiger 屬虎，是一個身材高挑、個性爽朗的韓國人，在學校裡蠻有人氣的。他對於外國人非常友好，我也很喜歡他，覺得像他這樣不會拐彎抹角的韓國人特別好相處。我們常常在下課後到羽球場廝殺，他跟他的夥伴一開始真的打得很爛，不僅穿著拖鞋，憑著好體力亂跑亂揮，甚至還用爛英文裝模作樣的挑釁；但韓國人的臭脾氣就是很討厭輸，從穿球鞋、買好球拍開始，我就知道他們已經慢慢在正視這場比賽。幾乎不需要約定，我們就像是說好了一樣，放學後就自動到羽球場備戰，有時候被搶走球場不能打，那種遺憾的心情比輸球還糟。

也許在台灣人的印象中，就是覺得韓國人很愛比較，什麼都要贏過別人。但真正認識後才發現，這樣的競爭很可愛，可愛到讓人能以開心的心情接受挑戰。或許是因為同為外國人的我們聚集在一起的時光太過短暫，即使分出高低也沒有背後的利害關係，所以才讓輸贏帶來的不是憤慨，而是深刻的樂趣吧！直至今日，我好像還能想起互相問起分數時的緊張、打羽球後流汗的味道，還有急著想寫完作業到球場上拚鬥的心情，更不會忘記揮著球拍、喊我們下樓單挑的 Tiger 的笑臉。很想再一次過著這樣刺激的生活。

03

聰明的貧窮人

社會存在太多理所當然的氛圍，覺得別人有為什麼我不可以有，卻忘記不公平才是這個世界的本質。

在菲律賓遊學就像是跟兩個國家的人一起生活一樣。除了同學以韓國人為主外，學校裡的老師、學校或廚房的工作人員，還有警衛都是菲律賓人。天差地遠的個性，相處起來也有不同的感受。

一般來說，學校老師的英文程度都很不錯，因為一定要大學畢業才能來教書。而且由於菲律賓還沒有足夠的資源可以建構自己的教學系統，所以從小學一年級開始，都是使用英文的教材。雖然很羨慕他們都能說英文，但無法發展自己的語言文化，其實也是某種悲哀。

這裡的特色是一對一的教學課程，有相當於學生人數的菲律賓老師配置在學校裡。教學大樓被隔成許多小房間，每間房裡就只有一張桌子、兩張椅子，再搭配一位老師。老師們將小房間當成自己的小天地一樣，布置得非常漂亮，牆上貼滿了跟學生的合照或是學生送的卡片。我們在開學第一天就會拿到課表，然後照著課表去小房間跟老師報到。學校會依學生的程度發教材，但每個老師都還會有自己的教學方法。就像補習班有名師一樣，學校裡也有一些老師會因為比較善於教學，或比較風趣而受學生歡迎。由於是一對一的課程，師生間的互動就顯得非常重要。常常會發生學生適應不了老師口音的問題，因此學校也安排了換老師制度。就是當發生學生跟老師的教學無法配合而影響學習的狀況時，可以向學校要求更換老師。

因為每週都有學生畢業，也會有新生入學，所以老師的變動非常的大。如果向前輩們打聽到哪位老師的教學非常好，就可以去問問那位老師手上的學生什麼時候可以畢業，在適當時機要求學校幫忙換老師，這是一個非常有技巧的工作。如果出現兩個以上的學生喜歡同個老師的情形，學校就會考量出席狀況與學習熱忱，判斷要安排給哪位學生。

搶老師的狀況當然是層出不窮，因為好的老師真的很容易就能引導學生進入狀況。在斯巴達校區的時候，我就遇到一位非常好的老師，Tonet。第一週上她的聽說課程，我就受到很大的震撼教育。她會將一些本來就已經很難的單字寫在白板上，說明今天的上課主題，並講解單字，而剩下的六十分鐘，我就要利用白板上的單字跟她進行討論。同樣從法律系畢業的 Tonet 非常聰明，但畢業後卻因為沒有錢繼續深造，所以她沒有參加司法考試，但對法律仍舊有非常濃厚的興趣。自從她知道我也是學法律出身後，我們討論的內容就常常是虐待、貪汙、家庭暴力等等話題。從和她的討論當中，我也一步步對菲律賓有更多的了解。

我認識的菲律賓人真的都非常聰明。只因為政府貪汙腐敗，讓國家走向落後，影響了最重要的基礎教育，當地學校付不出相當的薪水留住優秀的教學人才，才使得他們的教育環境如此惡劣。就像是被貧窮綑綁住，菲律賓人徒有聰明的腦袋卻無法盡情發揮；但也因為聰明，所以他們知道外面的世界有多美麗。所有的菲律賓人都把能夠出國生活當作人生的終極目標，尤其在語言上具有優勢，更使得他們盡一切可能都要尋找外出工作的可能。

曾經在雅思校區遇到一個非常優秀的會話老師，但有一天她突然辭職了。她說在新加坡找到護理師的工作，馬上就要動身出發，那時她的小孩才出生不到三個月。先不討論其他除了優秀、還必須具備一定財力的專業人士（如醫學或法律等），在這個國家裡，護理師就是非常頂尖的專業，是他們認為最容易出國發展的職業，能念護理系的也都是非常優秀的學生。你很容易就會在路上看到穿著護理師制服的學生走來走去，因為對他們來說，這是十分光榮的事，恨不得讓大家都知道他們是念什麼科系的。不過菲律賓的醫療資源十分缺乏，所以即便是護理系畢業，都不見得能在本國找到工作，但相較起其他職業，護理師還是比較容易能在新加坡、澳洲等富裕國家找到高薪職缺的。

學校對這群優秀的老師，並沒有給予相對的尊重。斯巴達校區除了校內宿舍外，約五分鐘路程的距離還有一間別墅型宿舍，一間房裡會住六位學生外加兩位老師。住在這裡的學生，比其他人多了些和老師相處的機會；每天晚上十點到十一點，有額外的上課時間，是比較輕鬆的談話。這裡提供的住宿是免費的，能夠住在這裡的，往往也都是教學比較優秀的老師。但我曾經去過他們的房間，不僅格局明顯比較小，布置也非常簡陋。最重要的是，房間內是沒有冷氣的，因為只有學生可以使用，老師則是被禁止的。用餐時間也是，必須等到學生們都用完餐後，他們才可以進去餐廳，而且僅限於部分有夜間團體課的老師。儘管被稱作老師，但學校並沒有給予相對的尊重，對待他們的方式，還比較像是把他們當成提供我們服務的人。

其實學校是禁止師生在課後有互動的，但我們還是很喜歡約他們一起外出逛街、郊遊。除了想有更多交流外，也因為菲律賓治安並不是非常好，有他們帶領著會安全許多。不過學生跟老師間還是會因為國情不同而容易發生一些問題，像是許多家境富裕的韓國學生會送給老師貴重的禮物，引來其他老師嫉妒；又或者有老師跟學生發生了不恰當的男女關係，校園內八卦滿天飛。我覺得這跟菲律賓人想離開自己國家有很大的關係，在學校這樣的環境，老師們有太多時間都在和別的較為富裕國家的學生相處在一起，或多或少都會受到影響，不管是物質欲望還是生活方式，變得越來越不能夠滿足於現狀。很多女老師對於異國聯姻懷抱很大的期待，不論是和學校的學生祕密交往，或是透過 facebook 向外尋找對象，都占據了她們很大部分的精力。我的聽力老師就跟我分享許多她在美國的男朋友的故事，還曾有一位雅思的會話老師，用一節課的時間跟我哭訴她的美國情人要求分手的事情，但其實她已經是一位有兩個大學生兒子的媽媽。

菲律賓人對感情世界的投入就跟他們熱愛外國文化一樣，性更是毫不害羞的談話內容。而除了羅馬天主教廷以外，受天主教會影響的菲律賓是世界上唯一法律規定不能離婚的國家，所以外遇或分居的狀況非常普遍，男女交往關係也接近混亂；但神奇的是，菲律賓卻是全亞洲滿意自己伴侶比率最高的國家。也就是說，他們很能從男女關係中得到樂趣。

菲律賓人追求的是最直覺的享樂，喜歡流行音樂、熱愛跳舞，在羽球與排球等運動方面，也非常擅長與投入。在下課後，就常能看到老師們聚在一起，邊吃洋芋片邊聊天，講到有趣的話題更是開懷大笑；或是為了每週都有的畢業典禮排隊形練舞，那也是他們熱愛的表演舞台。這是最讓人羨慕的地方，就算環境再惡劣，都不會為了工作而忽略玩樂。放縱自己回歸最平凡的生活方式，毫不壓抑去享受人生。最簡單的最好，雖然可能他們自己都不知道。

看著菲律賓的老師們，我都會思考自己的處境。我比他們多了什麼，有比較努力嗎？還是更加勇敢？其實都沒有，我多的只是機會而已。如果我的努力能夠實現，那是因為我的環境可以給我足夠的發展機會，可以去選定自己的道路，有可以去達成的目標。倘若他們擁有同樣的機會，也許能夠發展得更好。想到這裡就讓人份外珍惜已經擁有的，應該要更感恩才對。社會存在太多理所當然的氛圍，覺得別人有為什麼我不可以有，卻忘記不公平才是這個世界的本質。只有見過比自己還辛苦的人，才會知道自己其實還不夠努力，像我這樣只要認真讀書就可以不用打掃家裡的人，比世界上一半以上的人還要幸運。這樣的領悟，讓我往後半工半讀的留學生涯，減少了許多抱怨的時間，因為我總會想起，至少這些都是我的選擇，我比很多人多很多機會。

04

迎接雅思的種種挑戰

英文是語言，語言是種交流，不是填空題。不斷地跟不同的人說話，嘗試不一樣的表達方法，很快就會發展出自己的英文……

在斯巴達校區的時候，我非常熱衷於用英文跟朋友溝通。要開口說英文真的是一個非常奇妙的過程。還記得國、高中學英文的時候，花費很多時間念單字、背文法，記住什麼單字後要加 to，什麼時候要用 in 或 on，但讀了這麼多，經過這麼多段考跟聯考的試煉，最後卻還是沒有辦法勇敢開口說英文；我一直以為是自己的努力不夠，或是因為背過就忘。但在到菲律賓的第二週之後，我就發現語言本來就不是去背的，而是要去用的。

過去所學的英文其實都深埋在腦海裡，但因為不知道怎麼用它們，所以即便有基本的單字量跟文法，卻無法組織起來開口去說。原因在於現實生活中不太可能出現跟課本上一模一樣的句子，而一旦句子不一樣，我們往往就會因為怕犯錯而不敢開口去說。但在菲律賓的生活，不是想保持沉默就可以一直不用開口的，如果想當一個永遠在角落安靜的姑娘，可能連基本的生活都會有問題。這時候我就必須要把英文拿出來用，不是用來思考而已，是要馬上把它吐出來。一開始會有種不曉得自己在說什麼的感覺，當然別人也會聽不懂，所以要一直修正；不用翻書，只要將自己腦海裡的基礎文法，重新組織一下，大概只有兩、三秒的時間——其實說不上是一種思考，只是換句話說。只要用換句話說的心情再重複一次句子（有可能不止一次），就會發現別人很神奇地聽懂了。那不是因為寫出了正確答案，而是在反覆「換句話說」的過程中，別人慢慢的也可以拼湊出你想要說的內容。英文是語言，語言是種交流，不是填空題。不斷地跟不同的人說話，嘗試不一樣的表達方法，很快就會發展出自己的英文，不見得是正確的，但會幫助你踏出第一步，用同樣的結構套用不同的單字形成不同的內容，不需要思考，很快就會驚喜地發現自己好像會說英文了。

我還是沒有辦法滿足，想輕而易舉地說出正確的句子。這時候幫助我最大的是聽力練習。聽力不只是用來聽懂他人的英文，很重要的一部分是讓自己模仿。其實不難發現，在課本或迪克森片語裡所背到句子常常找不到機會用，但老師或連續劇上聽到的句子，卻很容易的可以現學現賣。而這種不加思索說出的偷學來的句子，更接近正確。我終於曉得老師們說的「語感」是什麼了，就是不用經過腦袋的說話方式。聽到什麼問句，很自然說什麼答句。當發現說英文不再去考慮文法時，不是因為臉皮變厚，而是有語感了。

但這樣的會話學習法會有瓶頸，那個瓶頸就是語句無法說得更貼切、內容也無法更深入。因為腦海裡的單字量用完了。這時候不用媽媽催、老師打，自己就會知道要去念書了。進一步增加單字量，在某一時刻發現曾經讀過這個字並且拿出來用，你就會完全記住它，它也會住進腦海裡，變成自己英文能力的一部分。

我花了很多力氣摸索自己的讀書方法，因為課表排得很滿，只好嘗試在夾縫中尋找時間。除了吃飯、休息還有上課之外，我會把一天的時間畫成一個圓，分成許多可以自由應用的區塊。譬如在自習時間裡，就會擬定好預習跟複習的工作，包括背好三十個單字及寫完所有的作業。因為學校的進度每天都飛快地在進行，所以我的一天會從早上六點開始，到晚上十二點結束。而每天我也以能完成當天的進度，不辜負一天的生命而驕傲。

在斯巴達校區待了三個月就差不多是極限了，我需要另一種方法來刺激學習，那就是參加雅思考試。所以我便轉去了有雅思課程的一般校區。

這間學校的雅思課程中有種保證班，倘若在三個月的課程後參加雅思考試沒有達到指定分數，就可以免費再續讀下去——除了住宿費跟伙食費要自費外，學費是全免的。所以學校充斥著五分、六分、七分保證班的學生。按照目標分數分班，除了一對一的寫作及閱讀課外，還有一對二的會話課，以及一對八的聽力課，都是配合雅思考試所做的課程設計。

同樣在一般校區的雅思課程跟普通課程，完全是天與地的差別。普通課程與斯巴達校區上的內容是一樣的，但比較輕鬆，老師也不會逼得很緊，是自然而然學會兩種語言的快樂學習；雅思課程則因為學生都是為了拿到一定分數而來的，像是要出國留學，或校內轉系，或想當交換學生。加上保證班的設計，也讓老師們承擔了一些壓力，必須盡可能讓自己手上的學生順利拿到目標成績，所以會比在斯巴達校區再更辛苦一些。

其實當初我並沒有需要雅思的分數，但學習英文如果單純只靠興趣，容易在茫茫的單字海中失去方向。在菲律賓有足夠的環境讓自己開口說英文，但要在這麼長的時間裡一直保持學習的動力，有個清楚明確的目標就非常重要，而雅思就成了我的目標。

想參加六分或七分保證班，過去的雅思成績必須達到一定的標準，從未報名過雅思考試的我，自然就被分入五分保證班了。由於加入保證班後，可以免費參加一次考試，加上我在學校升格為雅思考場時的慶祝活動中，也抽到一次免費的機會。所以我計畫在這兩次的考試中，分別拿到五跟六分的成績。也許這個目標對很多人來說不算高，但對當時的我來說，要在聽力與會話上拿超過五分，真的非常吃力，更別提剛到菲律賓參加雅思模擬考試時，只有拿到三．五分了。對我而言，口說考試是最難的，要在很短的準備時間內看到題目並架構出要說的內容，還得邊說邊想、隨機應變地發表談論，並在最後接受老師的提問。那真的不像是跟朋友聊天那樣簡單而已。

三個月的時間裡，我在第一個月就經歷了換老師的混亂過程。換到一位負責教育老師們的老師、以及傑克曼——我很重要的會話夥伴。

學校的雅思老師，都是很優秀的，但優秀裡面還會有更優秀，讓大家瘋狂爭取。畢竟大家都是需要考取高分的人，能教你考試方法的優秀老師顯得更為重要。無法搶到好老師的人，有些會有私下的補習時間，這可以跟學校申請，在下課後的小教室裡繼續上課。但因為學校會抽成，所以很多老師都是跟學生偷偷私下約定，去校外上課。有了在斯巴達校區的經驗，我從一開始就努力表現優良，希望在重要時刻可以換到好老師。然而在一次換老師的過程中，有個不太認真出席的同學卻優先搶到一位我很喜歡的閱讀老師。這個結果讓我很不滿，可能跟法律出身所養成的脾氣有關，覺得如果規矩訂出來，就是讓人遵守而能期待所預期的結果。所以我第一次向學校提出抗議，希望知道理由，不希望是因為特別偏向韓國學生。沒想到負責安排的菲律賓老師居然跟我道歉，承認他在過程中有出錯。對於老師我是帶著尊敬的態度，也希望他們受到應有的尊重。如今的道歉反而讓我不知所措，接下來的發展更令人大感意外，這位老師承諾，直接由他來教我閱讀課。我甚至連他是誰都不知道，因為他不是在名單上的人，跑去向其他前輩打聽後，才知道原來他也是老師，由於教學非常優秀而被升任為管理職，現在等於是教育老師們的老師。這根本是天上掉下來的一份大禮！

在會話課時，我也遇到了一些麻煩。會話課是一對二的課程，有一位老師搭配兩位學生，除了自己跟老師的練習很重要之外，其他同學怎麼準備內容、如何應對談話，也是很重要的學習對象。剛到一般校區時，我被分配到一個很不錯的會話老師，是很典型、超級洋化的菲律賓妞，風趣幽默、熱情微胖，還有很棒的英文發音。但很倒楣的是，我的搭擋卻是一個非常情緒化的韓國女生，每次上課都在安撫她的思鄉情緒，或是分享她的愛情故事，她要主導一切的談話內容並以自己為中心。但雅思的口說考試是有題庫的，我們需要盡可能的去練習千變萬化的題目，不可能只有愛情問題而已，所以我只好忍痛換老師了。

向新會話老師報到時，我就看到傑克曼站在門口了。「我的搭擋該不會是他吧？」傑克曼是一個典型的韓國人，自信、幽默、臭屁，而且欠揍，跟我是同期進來的學生。他的英文名字是自己亂取的，說剛來時想不出來，室友還推薦一個 Jlibee，他覺得蠻好叫的，還用了好幾天，後來才發現是菲律賓當地最常見的速食連鎖店名。我們之前沒有任何互動跟交情，但有一起上過共同課，因為他很常被老師叫起來回答問題，是屬於英文程度比較好的學生，再加上標準的韓國人小眼睛大黑框風格，所以我一直對他很有印象。

一般來說，學校會安排兩名素質相當的學生一起上會話課，才不至於因為落差太大而無法溝通，所以我從沒有想過搭檔居然會是他。剛開始上課時，我自卑到簡直無法開口說話。我想大家都可能面臨過這種狀況，如果有一個比自己會說英文的人在身邊，只會讓自己的會話能力毫無理由地歸零。傑克曼一副很有自信的樣子，加上從一開始就分配給這位老師，早就習慣上課的方式，也沒有怯場的問題。所以我真的花費了好大的力氣，才讓自己有勇氣回答老師出的題目。後來我慢慢地觀察到，在跟老師進行一般的閒聊互動時，傑克曼可以把英文說得非常好，但在正式上場模擬練習時，卻會結結巴巴，反而沒有我表現得好。這樣的發現讓我越來越有自信，他卻越來越困惑。有天他終於忍不住問老師，為什麼我模擬練習時都說得比他還好。老師才點出重點，因為他想當交換學生，所以非常需要雅思的成績，這個沉重的目標，使得他過分小心翼翼而無法有正常的表現；我卻不是，我一點都不需要雅思成績，只把它當作一個目標，甚至只是一個樂趣而已。我把每次的結果當作新的發現，樂在考試之中。有了自信，課堂上的演講也就變得很流暢。我們也成為旗鼓相當的對手了。

會話課的夥伴是個非常特別的存在，因為雅思的會話主題非常生活化且廣泛，一次又一次的練習當中，我已經能背出他的身家背景、故鄉、夢想，及所有私密的故事，而他也是。所以雖然我們不是朋友，課堂外也沒有什麼互動，卻比朋友還要熟悉。

每個星期六，雅思課程都有模擬考，聽說讀寫完整進行一遍，那真的超煩超累的，但星期三的成績放榜卻很刺激，傑克曼只在乎有沒有考贏我而已。每次從辦公室拿成績出來，都會看到他衝過來，不是一直問我成績就是搶成績單，連老師經過都會笑問我們這次誰考贏，我當然是非常不想輸他的，所以這樣的競爭又變成我念英文的神奇推動力。

在我們共同的會話老師要離開學校的時候（就是那位找到新加坡護理師工作的老師），我不只是擔心失去了一位好老師，更擔心會失去這個和我競爭的夥伴。我跑去問傑克曼：「我們去找下一個好老師好不好？我們一起去向另一個很不錯的好老師開口，請他教我們。」這本來應該要交給學校安排的，而我們應該會被拆開、分配到不同班級，然後各自有新的夥伴。但他竟然跟我一起去向老師開口了，毫不猶豫、非常自然，彷彿我們應該一直是會話夥伴一樣。結果學校也真的安排了另一個老師給我們，就好像我們兩個理所當然還是要在同一個班似的。

不同於斯巴達校區有 batchmate 們可以一同學習玩樂；在雅思戰鬥圈裡，大家都是朝著各自的目標努力，而我也一直是孤軍奮鬥。但很慶幸有個亦敵亦友的夥伴，正確來說根本沒有私交，卻是別具意義的重要存在。記得傑克曼提早我一週畢業，僅僅只是這樣而已，卻重創我在這段時間辛苦建立起來的忍耐，我第一次感到非常的孤獨。望著他曾經的自習座位，感覺像失去全部動能，傑克曼的離開，就像帶走我所有學習英文的理由。

在最終的雅思考試時，我拿到設定目標的六分成績。其中口說成績有六．五分，是所有項目中表現最好的。還記得考試時，主考官是位優雅的英國女士，題目是有關攝影的話題。我已經不記得自己說了什麼，但真的是侃侃而談，甚至我還摳了一下鼻子，不是真的伸進去挖，只是因為覺得癢而在邊邊摳了一下——這真的可以證明在考試過程中，我是怎樣放鬆自在的狀態。雖然知道自己應該說得不錯，但感覺主考官有稍微吃了一驚，事後我懊悔得半死，這種摳鼻子的行為簡直天理不容。我以為完蛋了，不過最終還是拿到了非常滿意的成績。

05

在發展中國家來場冒險

不是只有貴的地方才有去的價值，美好的體驗是不需要用物價去衡量，而是能不能放下芥蒂去接受、去享受。

就像前面提到的，在菲律賓的生活真的非常單純，主要的原因可能是因為只有週末才能出去校外，且每三週才能有一次兩天一夜的旅行。但菲律賓遊學最棒的事，也正是能夠邊玩邊學習，不是說其他國家就不能玩樂，而是能不能夠讓你放心的去玩，不用擔心在餐廳吃飯會不會錢不夠而要先看菜單，或是旅館太貴而必須一天奔波來回。這裡的便宜物價讓外國人大多都有能力享受頂級的待遇，至於經濟能力有限的遊學生，也能夠用最實惠的價格，體驗一定品質的旅遊行程。

在來菲律賓之前，我只有去新加坡跟日本自助旅行過，那是精心挑選下的安全國家，足以放心的讓自己一個人在異地遊歷。但是安全的先進國家也代表較高的消費水準，常常辛苦找到的海鮮名店，卻只容許自己單點一份螃蟹。這樣的悲情，到菲律賓後完全不復見，原來過去的小心翼翼，只是讓自己付出更高的成本，去換來相同或可能不夠滿足的樂趣。很多人都認為玩當然要去乾淨環境好的國家，玩起來才舒服。但來到這裡才發現，當初勉勵自己努力賺錢才能出國享樂的想法真的好傻，不是只有貴的地方才有去的價值，美好的體驗是不需要用物價去衡量，而是能不能放下芥蒂去接受、去享受。

菲律賓就是這樣的地方，完全發揮物美價廉的美學。只要來過宿霧遊學的人，就一定知道 Ayala Center 跟 SM City 這兩間購物廣場。從文具飾品到生活雜貨，應有盡有，更不用提美食餐廳，簡直是遊學生的血拼天堂。我這輩子喝到最好喝的鮮果冰沙，就是在 Ayala Center 喝到的，不用台幣二十元就能買到一杯。我們覺得超便宜，卻是菲律賓最香濃的昂貴冰沙。Ayala Center 的烤豬排更是風靡全宿霧的遊學生，超大的豬肋排裹上甜又鹹的醬汁去烤得酥脆，一根一根啃得超級滿足。如果去過宿霧卻沒有吃過烤豬排的，強烈建議可以再去一次。還有七彩珍珠奶茶，不是珍珠是七彩的，而是珍珠以外的飲品是七彩的，再加上七彩麵包，不用台幣五元。更厲害的是指甲彩繪，十根手指頭弄下來，也不用台幣五十元。看著這些繽紛的色彩，雖然帶著廉價的不安，但卻是最貼近在地的生活方式，我很願意去嘗試那麼一次。

最讓人留戀不已的就是按摩小店了。為什麼要花篇幅說明按摩店這種小事？除了我太喜歡被按摩外，這種小店的奇妙體驗，也許是我在外旅遊的一個重大跨越。以前跟旅行團去柬埔寨時就按摩過，當時已經覺得很便宜很享受了，到菲律賓才知道什麼叫做盡興。喜歡按摩的人就會知道，那是一種會上癮的症頭，只是錢包能讓你理智。但在菲律賓，已經沒有任何事物能阻擋得了我。一開始，我還傻傻的被韓國同學帶去專門接待觀光客的店，從一開始進門的泡腳、洗腳、按摩，到獨立房間全身油壓的貴賓待遇，一小時只需要掏出新台幣三五〇元！當我開心的跟菲律賓老師分享這件事時卻被嘲笑。她說在菲律賓根本不需要這種價錢，大力推薦我去傳統的按摩小店。

基本上，這些按摩小店從外觀是看不太出來的，所以無法採取邊走邊找的策略，即便利用 Google Map 也很難找到，想去嘗試的話，一定要問在地人。這種店不是大門緊閉，就是內部超級陰暗，一般人光是靠近就會覺得自己像在犯罪；但只要鼓起勇氣嘗試第一次，就會發現真的沒有什麼不同。我在外一直都是非常小心翼翼，絕對不會涉足危險的場所，雷達也是全面啟動，只要稍微會讓自己猶豫的店，都不會踏進去。像這種昏暗不明的地方，平常我就一定不會靠近，只因為有老師的加持，才鼓足了勇氣去試試。進去後我發現，除了小房間被換成一片片的布簾，沒有陳列一排排的高級商品外，腳還是會幫你洗，香精油的味道也差不多，服務更沒有被打折。唯一不同的是，大概只需要花費台幣九十五元左右，免去了一層韓國業主的剝削。此後，我大概每三天就去報到一次，那可以說是我人生中最美好的日子。

除了購物廣場裡的高級餐廳，在地的飲食店也有好多寶藏。也許是多了一層保護色，也或許是心境已經融入，當我的皮膚曬黑到某種程度，感覺自己沒有哪裡不同後，我開始喜歡在街邊漫步。路邊常常會有一些新鮮有趣的小吃，像是炸雞蛋、菲式鬆餅（一片一片的，口感比較像發糕）等，最喜歡一種像現炸魚漿的小吃，用竹籤綑起一坨魚漿丟入油鍋，一條條的沾上甜辣醬，拿著站在路邊吃，鹹鹹辣辣，超級過癮。在地飲食店最多的是烤肉料理，一大支鋼條上烤著一大塊豬肉，點餐後當場切片裝盤，味道非常濃郁，很像醃鹹豬肉，擠點檸檬汁，一小盤就可以配一大碗飯，是偏好肉食者的天堂！類似的烤肉料理種類多不勝數，再搭配芒果奶昔冰沙，我這個無肉不歡的肉食主義者，頓時成了全天下最幸福的人。

想想這也是一種反饋，是沒有在一開始就抗拒而不願嘗試的收穫。進步的國家有進步國家的有禮與秩序，發展中的國家也有發展中國家的協調與步調。如果在地人都不會在半夜一個人在外閒晃，你也應該放棄在這種地方尋找夜生活；如果當地人都視之為普遍的行情與標準，就不要用自己過去的高標準來評斷。嘗試，一直都是旅行的本質，只有試過了才知道。

韓國人比我們都還早做了嘗試，在宿霧開闢了新的地土。如果說宿霧被韓國殖民也不誇張，滿街林立的韓國餐廳、店鋪，甚至旅行社，都可以看見他們的蹤影。此外，在菲律賓要開公司，需要有菲律賓人的合夥才能合法設立，所以常常可以看到韓國人與菲律賓人的合作搭擋，甚至是結為夫妻。他們不僅僅是在這裡賺錢而已，而是深了根。

因為學校課程的安排，我們只能安排短暫的兩天一夜小旅行。但這樣的時間是足夠的，韓國旅行社的包套行程，從一開始到學校迎接你出發，到景點活動的安排及最後的歸程，包括餐飲、住宿，一條龍設計得妥妥當當。還有全天隨行的導遊、發展成熟的景點設施，只需要人出現，然後記得帶錢包，就可以玩的絲毫不費力氣。學校的台灣三人幫——我跟 Ina、Green（當時全校只有我們三個台灣學生）就參加過一次薄荷島的輕旅行。也是輕輕鬆鬆在網上訂好行程，買好船票，就可以自己搭船到傳說中美麗的薄荷島旅行。不僅有專屬的接待司機、可以輕鬆漫遊的行程，還有漂亮的度假小木屋可以住宿。夜晚的沙灘更是美麗，一間間充滿南洋風情的露天餐廳，點滿蠟燭的木桌，不停歡唱跳舞的歌手與觀光客，和朋友一起共享的這個晚餐，真的是一生永難忘懷的浪漫。

這些玩樂中最大的挑戰是潛水。菲律賓最常有的水上活動就是潛水，因為這裡有很漂亮、未受汙染的海底景觀。韓國人在宿霧開設非常多潛水教室，只要兩天的時間，就可以保證取得最初級的潛水執照。行程規畫大概是第一天會先在像游泳池的地方練習，第二天才會真正下海，然後就可以取得一張像會員卡的潛水執照了。聽起來真的很容易，但其實潛水是非常具有危險性的活動，如果本身不諳水性，或是根本就聽不懂英文，千萬不要輕易嘗試。Tiger 就曾因為潛水時太急著爬升，結果水壓導致耳朵大出血，還被送到醫院。

像這樣危險的活動，是不太適合我這種怕死的人去嘗試的，但天生就是個別人有我也要有、別人沒有我也還是要有的淘氣人，所以眼看著天不怕地不怕的韓國同學們一個個都拿到潛水執照了，我就覺得是時候該去一探究竟了。在一般校區一起上學的韓國人中，有個同學剛好就在當潛水教練，非常魁梧，且我們的關係很好，我覺得像他這樣可靠的人應該值得相信，所以就邀同校的兩個台灣人，跟著一群韓國同學報名出發了。

到了韓國人開設的潛水學校後，發現一起去的韓國同學們在溝通上沒有問題，但自己卻是在場英文最好的台灣人，其他兩位就傷腦筋了。不過他們是我邀請來的，也不能丟下他們不管，我就變成身負重任的學員兼翻譯。因為其他韓國教練不會說英文，所以教育課是由我的教練好友來負責，我的英文本來就不夠好，一堆潛水的專有名詞根本翻譯不出來，韓國同學們都急了（還好我的會話課夥伴傑克曼也有來），大家都加入幫忙當翻譯。就這樣先從韓文翻到英文，再從英文翻成中文，還沒下水我就已經沒力氣了。結果就這樣，身為翻譯官的我都還迷迷糊糊的，就一起被推下了海。坦白說真的非常危險，因為潛水需要具備專業的知識，錯誤的觀念很容易在海裡發生意外，當下我真的非常後悔，居然讓自己跟朋友都置身在危險當中，再有一次選擇的機會，我絕對不會下去！

幸運的是，結果一切都很完美。朋友們的水性很好，很快就能自在地在海底悠游。菲律賓的海底很漂亮，大陸棚下有各式各樣的水中生物，色彩繽紛。魚群也很習慣人群，不會一溜煙的跑不見，可能還會偷偷咬你。看著大家自在地游來游去真的非常羨慕，因為過程中我一直都非常緊張，沒有放開過教練好友的手。而且可能是太緊張的關係，耳朵一直無法調節水壓，必須不斷的上升再下潛，不然會感覺劇痛，也因此教練好友必須要一直待在身邊。問題來了，執照訓練規定要潛到十五公尺才算及格，但十五公尺的深度超越大陸棚的範圍，也就是說如果想通過考試，一定要離開彩色的海底世界、潛進黑壓壓的深海，你知道那有多恐怖嗎？儘管不想承認自己有這麼膽小，但那天是真的軟腳，死都不願意下潛到沒有光線、看不清視野的地方。教練好友不能丟下我，但不丟下我，大家都沒辦法再往下潛通過考試，我竟然當了一次豬一樣的隊友！最後想到的辦法是，教練好友把身上一條可以延伸的繩子丟給我抓住，這樣至少不會漂到他無法掌握的地方，同時還是可以帶領其他隊友前進，而我就一直背對著大家被拉著走，從頭到尾都沒有面向過一次深海底。據說最後大家有達成規定、潛進一定的深度，我應該也有，因為有拿到潛水執照（希望不是被放水）。最後我們還在大陸棚的邊界合照，照片上可以清晰地看到，我手中緊緊握住的那條救命線。

我想解釋可能是因為有幽閉恐懼症，才會這麼容易害怕密閉的空間。海洋當然不是密閉的，但黑暗讓視野變得狹窄，可能是讓自己異常害怕的主因。想用這樣的解釋原諒自己，而我也應該原諒自己，甚至為自己恭喜，因為即使膽怯懦弱也是因為珍惜生命，願意嘗試的那份心意甚於一切。

回到學校後跟老師炫耀拿到潛水執照，傑克曼一直吐槽我表現得多麼差勁，我說就是因為怕死呀，他問為什麼這麼怕死，我想，應該是因為擁有太多而捨不得吧！也許這一生都沒有機會，也沒有勇氣再下海了（潛水執照要跟駕照一樣被供奉起來），但至少心裡還留有這份記憶，記得曾經鼓起了自己最大的勇氣冒了一次險。

冒險本來就是旅行的一部分。

06

愛情，就算速食又何妨？

如果說穩定的感情才是正道，那不考慮前途的愛情就是一種瘋狂。而我確實瘋狂了。

除了念書外，紛紛擾擾的事情一定會有，當然也包括男女生之間的火花。關於男女關係，我的菲律賓老師下了一個精闢結論。他認為，菲律賓人是敢說不敢做，韓國人是敢做不敢說，台灣人則是不敢說也不敢做。到底說了什麼做了什麼，我不知道，所以沒有資格評論。但許多韓國人的觀點，確實讓我覺得非常新鮮，甚至感到咋舌。

學校裡最大宗的韓國學生圈，幾乎每天上演著不同的劇情，跟韓劇裡看到的深情似乎有點差距。聽說有部分出國在外的韓國遊學生，會很自然地再結交一個二號男友或女友。我就曾經在一場飯局時，聽到一個韓國妹妹邊跟二號男友甜甜蜜蜜，邊跟我們炫耀她在韓國的一號男友多麼帥氣。原來劈腿需要偷偷摸摸已經是過去式。我驚訝的向韓國朋友提出疑問，他們告訴我，出國遊學或打工度假的人，很容易另結新歡。但不代表他們要放棄在韓國的一號正宮，大家都心裡有底，彼此只是在國外寂寞時的臨時港灣，一點都不覺得這有什麼，更不會被批判。甚至女孩們不諱言的介紹自己在國內的一號男友，可能還能讓自己更顯身價。這是一種新時代年輕人的前衛感情觀嗎？或是僅限於韓國人的速食愛情文化？曾經有一個同寢室的妹妹跟我抱怨另一個韓國男生，跟我說他真的是一個非常幼稚的人，很多的行為舉止讓她無法忍受：「你知道他還是處男嗎?!在我們那裡，二十三歲的人還是處男，他的性格就絕對有問題！」我聽到後不僅驚訝於她洩漏了別人的隱私（也可能只有我大驚小怪），還對韓國男女關係的早熟感到震驚。

瀰漫在校園裡的愛情八卦很多，我有時也很愛聽。但真的牽扯到自己身上，就不是那麼一回事。在菲律賓的時候，我已經是逼近三十歲的姐姐了，但還是有幸成為別人的情敵。一起打羽球的Tiger，有天開始跟一位十九歲妹妹走得很近，還會牽牽小手，我也就在旁邊嘲笑他。但小妹妹卻很討厭我，不僅從來沒打過招呼，見到我們說話也會生氣。大家都勸我不要跟 Tiger 靠太近，因為妹妹認定 Tiger 也喜歡我，我突然變成了小三。在當時，這些小情小愛真的讓我覺得有點幼稚，但又感到有點意思，畢竟離開學校這麼久的我，竟然還能加入別人的戀愛故事，算是種榮幸。

多年後在韓國，又一次跟 Tiger 相遇，一起吃了韓國烤肉，他還幫已經沒有現金的我買了十雙襪子。告別時他跟我坦白，其實在菲律賓的時候還蠻喜歡我的——證實姐姐真的是有點魅力。但這樣的感情算得上是真情嗎？這樣的速食愛情是不是表示付出的心意變得廉價？還是其實感情的事，本來就只是一種簡單的直覺，因為賦予了道德標準，才變得沉重複雜？

在台灣的我一直是活在框架裡。為了尋找穩定的感情，用普世的標準，理性的去衡量自己與另一半，去選擇所謂最適合自己的對象，不管是年齡、職業、學歷、甚至其他。但這些標準，在國外突然就失去了意義，很像重新回到學生時代的戀情，只想到那份心意是不是真誠，而不會用外在條件去苛責。如果說穩定的感情才是正道，那不考慮前途的愛情就是一種瘋狂。而我確實瘋狂了。

Ina 的 batchmate 裡有個年紀很輕的弟弟，叫做 Fredy，高中畢業後考上了日本早稻田大學，卻因為遇上三一一大地震，只好延後一年入學，年紀整整小了我十歲。第一次碰面是在晚上專業教室的課程，剛知道他的年紀時，我非常吃驚，卻也特別喜歡逗弄這個弟弟，常常夥同 Ina 一起開他玩笑，因為怕生、害羞卻又很想裝酷，讓調戲他這件事變得更加有趣。而他從一開始不會反抗，到後來漸漸變得會反擊。上課時我們三個都坐在一起，老師來之前會聊聊天。言談間感覺到他雖然年經，卻很有想法，包括到菲律賓遊學及日本留學等，都是出於自己的規畫。

有時候早餐時間，遇到他在排隊用餐，我還會去跟他的朋友們鄭重提出申請，要跟他們借一下 Fredy 共進早餐。大家都會被這半認真的玩笑弄得哈哈大笑，Ina 還笑說要保護他，不讓我搶走。台灣幫的大姐頭 Green 好幾次問我是不是真的喜歡這個弟弟，我承認是很喜歡他，但絕對不是男女之間的感情。但 Green 總是露出高深莫測的表情，一副很有經驗的想說服我：「在國外沒關係，想談戀愛就談啊。」

我們之間真正發生化學變化是在 Fredy 生日、大家一起去慶生的時候。吹蠟燭時問到生日願望，他用非常真摯的眼神說，希望在這一年能有機會到台灣找我。我聽了非常感動，也產生一些微妙的心理變化。當天晚上，我們台灣幫在學校外的小店用餐，Fredy 也跑來找我們，大家一起點了酒，聊天時很明顯感覺到他靠我很近。敏銳的 Green 馬上嗅出了不尋常，直截了當的問 Fredy：「你是不是喜歡 Yuyu？」可能是帶了點酒意，他竟然也大方承認了。這一切變化都很突然，也許我也早就不再是用姐姐的眼光看他，但自己卻沒有發現。

距離我離開斯巴達校區其實只剩下兩週的時間，想在這麼短暫的日子裡談一場戀愛，對過去的我來說，真的會覺得是一件很愚蠢的事。但這次我卻沒有拒絕，也許這種心情只有在國外的時候可以理解。為什麼會覺得這樣一份短暫的感情也能值得珍惜？因為自然而然地喜歡上彼此，不考慮身家背景，不思索成功機率，不追究誰付出多少，甚至連吵架的機會都沒有。很短暫、很可貴、也很單純，就只因為喜歡而談的一場戀愛。

現在回想起來，已經是過去四年的感情了。當初相處的狀況，很難具體的描述，這跟簡單地訴說一位朋友的故事不同。Fredy 跟我從此沒有再見面。因為在韓國，分手的戀人是拒絕再聯絡的，更不可能還是好朋友。這部分的回憶，說甜蜜卻反而想不起，只感覺胸口像卡住了某種東西。我曾經想過，如果沒有在一起那兩週，我們到現在還會不會是互相關懷的好朋友？但我沒有後悔。

離開菲律賓時，Green、Ina 跟 Fredy 一起來到機場送我。後來她們告訴我，回程時，Fredy 在車上嚎啕大哭。

就是一份速食愛情，卻不假。

07

學會說再見的勇氣

我還是會傷心，卻復原得很快。這不是變得冷漠，相反的是一種成長。無法強留的就要放手，擁有的過程中卻知道珍惜。

雖然學生的流動率很高，但學校卻很慎重地舉辦每週的畢業典禮。在星期五晚上六點開始，會布置一個漂亮的舞台，將當週畢業的學生聚在一起，不僅會頒發畢業證書，還會有很多表演節目。菲律賓老師會被分為很多小組，每個小組負責每一次的活動安排。老師們本身就非常熱愛跳舞，所以會有很多精彩的舞蹈表演，個人的、團體的，還有學生跟老師們的合唱也很受歡迎。有時我都懷疑究竟參加的是畢業典禮，還是演唱會。

我的 batchmate 當中，和我感情最好的是一個韓國學生 Kate，她先生是遊學公司的代辦，只能參加六週的課程。Kate 是個非常有喜感的女生，說話方式也充滿笑點。她跟我說她的鼻子是整來的，所以每次碰到她的鼻子，她都會露出非常痛苦的表情。我問現在整鼻子不是都已經不會痛了嗎？她說她的可能比較老派吧！我都快笑翻了。Kate 就是這樣率直又可愛的女孩子。比我知道更多資訊的她，總是帶我到處去品嘗美食。她最喜歡吃芒果，應該說每個韓國人都喜歡。由於在韓國還要特地到大賣場才有，而且非常的貴，所以自從來到菲律賓後，她就沒有停止過吃芒果。還有布朗尼，她帶我開發的布朗尼專賣店真的超級美味，我都不知道原來布朗尼可以有這麼多種口味，還有那麼豐富的設計。

Kate 畢業的時候，我幾乎忍不住悲傷。那時還沒有經歷過這樣的分離。比起跟台灣的朋友分開，和外國的朋友道別，我的心態是比較悲觀的，語言的隔閡阻礙了交流的頻率，也很容易就斷了聯繫。她要回韓國的時候，在書局給每個人買了一本英文小說，並貼了自己的相片、寫上給每個人的話。我收到時傷心的哭了，大家很好奇為什麼我這麼難過，安慰我以後還可以再見面。但當時的我真的很難相信，且非常討厭這樣的別離。

大眼睛、非常漂亮的 Peggy 是最早來這間學校的台灣學生，企圖心很強烈，是我們當中最認真學習的學生。她也沒有待很久就回台灣了，所以我們相處的時間並不是很長。她總是會告訴我們很多在這裡生活的經驗，還把她認識的優秀老師介紹給我們。每次她的老師要帶她去哪裡參觀，她都不會忘記邀請我們一起。還記得她要離開的前一晚，我跟她、Ina 一起睡在同一個房間，那是種很捨不得的心情。我至今都還留著她最後送給我的一個桃色腮紅棒，且常常拿出來使用，不知道是因為喜歡她，還是因為喜歡這個桃色。

更不要說 Ina 跟 Green——跟我最緊密的台灣三人幫。Ina 只比我早一週進來學校，是在一起最久的朋友，一起打羽球、搶自習教室。她是名會計師，卻告訴我夢想是回台灣開咖啡廳，是個很神奇也很討人喜歡的女孩。頭髮短短的 Green 則是學校少數年紀比我長的人，個性可愛的她總是精力充沛，常常自告奮勇幫我跟 Ina 按摩，因為這是她為了要去澳洲打工度假所學的特殊技能。到後來我會決定也去澳洲，有很大的一部分是受到她的影響。

我們三個常常趁著下課時間，一起坐在球場邊的欄杆上聊天，菲律賓老師們都會對我們喊台灣幫。喝著合作社買的飲料，揮汗如雨的喧鬧，能在整個學校都是韓國學生當中，有那麼一刻可以喘口氣大講中文，真的是最開心最輕鬆的時刻。即便最後一段日子，因為跟 Fredy 在一起的關係，沒能好好珍惜三個人相處的時間，但她們還是一樣親切對我。親手為我做了送別卡片，一起吃了頓大餐。之後我到日本留學，Green 還是會常常跟她朋友一起來看我，帶台灣的東西來讓我解鄉愁，是那樣珍惜彼此情誼的好朋友。

雖然在國外這麼長的時間，有時會讓我覺得結交台灣朋友，還不如結交外國朋友來得簡單輕鬆，但其實在最早這一開始的旅程中，我就已經遇到很多很棒的台灣朋友。

轉到一般校區後，因為雅思課程的關係，大家更用功，也沒有 batchmate 的安排，一開始是非常孤單的。直到認識一位年紀相仿的韓國女生 Jan，一個很會讀書的會計師。她對同樣也是專業背景出身的我感到興趣，也因此我們漸漸變得熟悉。她跟我一樣都很喜歡打羽球，所以我們也是打球的夥伴。個子小小的她，卻非常有氣勢，英文也特別好，所以我們的相處是她欺負我的情況比較多。坦白說我也是個嘴巴不輸人的人，但根本不是她的對手，她吐槽的工夫真的很厲害，而我也不願意挨打的態度，讓她更喜歡跟我抬槓。Jan 的先生也是會計師，已經在印尼工作很長一段時間，因為要配合先生的工作，才來菲律賓學英文。結果天知道她去印尼後根本用不上英文，現在的她，印尼文可是比英文還要厲害！

Jan 要走的時候好多人都來送行，她卻很瀟灑的說不用。對每個人都很好的她，卻不太要求回報。對我這個外國人，也一直都用一樣的態度對待。因為她，我才知道無論是與外國人或台灣朋友的交往，其實沒有不一樣，不需要用特意的態度或討好，最自然的才最真誠。還有 Tony、幾個可愛的小護士，都是我在菲律賓的好朋友，我從來都沒有忘記。

因為待的時間最長，一直以來都是我參加畢業典禮來歡送大家。從一開始的哭哭啼啼，到後來的習以為常。我還是會傷心，卻復原得很快。這不是變得冷漠，相反的是一種成長。無法強留的就要放手，擁有的過程中卻知道珍惜，這就是在外旅行的生活，也是一種生命的縮影。像我這樣總是無法斷捨離的人，學會「說再見」真的是一件很重要的事。

我開始明白，要展開一段很長的旅行，該強壯的不僅僅是身體，還有心。

由韓國人開辦的語言學校，斯巴達校區的校園並不算大。

校區警備森嚴，門口的警衛荷槍實彈——我不是非常確定是不是真的有子彈，但他們是真的背著真槍的。

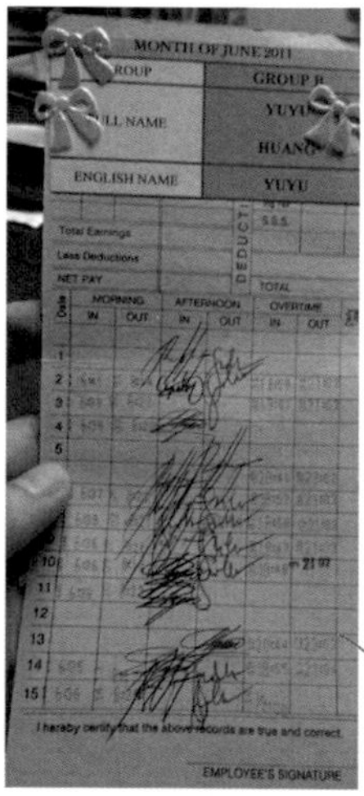

斯巴達校區號稱每天上課時數可以超過十個小時。

除了我之外，我的 batchmate 都是韓國人。

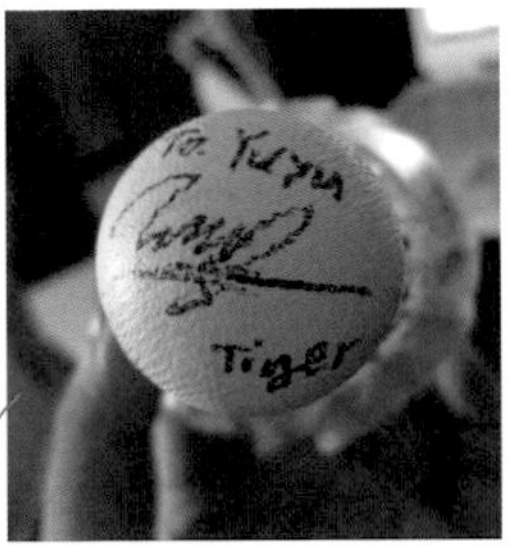

Tiger 轉到一般校區前，送我的羽毛球。

一盒一人份的餐盒有兩樣小菜、一樣主菜，另外還有一份湯跟水果，以及可以吃到飽的泡菜。

在固定的時間，學校的工作人員會幫我們準備伙食，餐廳會擺上一盒盒的樂扣樂扣。

教授讀寫課程的老師。我在這裡遇到的老師們都很有才華、也很聰明。

老師們將小房間當成自己的小天地一樣，布置得非常漂亮，牆上貼滿了跟學生的合照或是學生送的卡片。

多人數的課程則可以自己選擇，有新聞、電影或是特殊考試講座等等。

雅思校區的活動空間也不大。

一對二的聽力課，夥伴傑克曼正在跟老師聊天。

下課後，我必須在自習室裡完成每日的學習進度。

鹹鹹辣辣的現炸魚漿是我非常喜歡的路邊小吃。

偶爾逛逛市場，可以發現許多新奇有趣的商品。

Ayala Center 的烤豬肋排非常好吃，如果去過宿霧卻沒有吃過，強烈建議再去一次。

用當地盛產的各式新鮮水果打成的冰沙，簡直是人間美味。

在防盜鐵網裡的漢堡店。

菲律賓著名的交通工具吉普尼（Jeepney），但一台車可能會擠超多人，要小心扒手。

位於宿霧的聖嬰大教堂（Basilica Minore del Santo Niño）。

菲律賓的海底很漂亮，大陸棚下有各式各樣的水中生物，色彩繽紛。魚群也很習慣人群，不會一溜煙的跑不見，可能還會偷偷咬你。

潛水前做好妥善準備是很重要的。

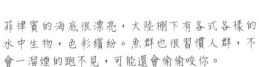

台灣三人幫一起去薄荷島旅行。

跟薄荷島上的當地小孩一起合照。

旅行社的包套行程，從出發到歸程，全部都幫你設計好了。

竹橋是薄荷島上的著名景點。

巴卡容教堂（Baclayon Church）有 300 年以上歷史，是觀光客必訪行程。

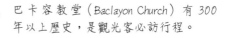

還沒有經歷過太多分離的我，總是特別容易感傷。

雅思課程結業，順利拿到畢業證書。

Fredy是個很有想法，又很可愛的年輕孩子。

在外旅行的生活，也是一種生命的縮影。

膽小冒險家的深度旅行

—土耳其—

TURKEY

01

帶著五本書就上路

兩本旅遊書、三本歷史書，這就是全部的計畫？我從來沒有像這樣只有簡單的旅行構想就出發……

在菲律賓的某一天，突然接到姐姐的電話，問我能不能跟她一起去土耳其。自從我開始旅行之後，身為老師的姐姐雖然沒有辭掉工作，卻也開始很積極地安排屬於自己的壯遊。但因為發生一些不太順心的事，讓她突然對一個人的自助旅行失去自信，希望我能跟她一起去。考慮了一下，除了自己的行程本來就是走一步算一步外，有過兩次自助行經驗的我，也覺得有伴真的比較方便且安全。打從娘胎就在一起的我們，可以說是彼此的最佳夥伴，就算發生爭吵也分手不了。因此我覺得我就是那位最佳人選，也很理所當然的加入了這場長途旅行，開始了為期兩個月的雙胞胎土耳其大冒險。

這在我的逃亡裡，完全是個意外的插曲，因此我也不是那位統籌計畫的人。我把重責大任交給了姐姐，因為我知道她已經準備了半年之久。

從菲律賓回到台灣後，我在很短的時間內辦好土耳其的多次簽證，因為土耳其的簽證只給一個月，如果要待超過一個月的話，一定要出境之後再一次入境。多次簽證比單次簽證難辦得多，還要準備好自己的旅行計畫表等等。姐姐是委託代辦公司辦理的，但我確認之後，發現代辦公司根本搞錯了，從頭到尾只幫她辦了單次簽證，所以只好跟我一起重辦。距離出國只剩不到兩天的時間，我卻因為要辦理銜接的下一個國家的簽證，在一天之內緊張的往來兩間辦事處而發生了小車禍。雖然只有輕微的腦震盪，但也讓這趟旅程從一開始就充滿了不安。

不僅如此，在看到姐姐寫好的計畫書時，我更慌了。她把兩個月的時間以天為單位，大概只簡單安排了在哪個城市要待幾天而已。住宿的安排或是交通工具等等呢？她只給了我兩本旅遊書、三本歷史書，這就是她全部的計畫。訂房的部分也只有頭兩個晚上有預約，其他的都決定要到土耳其後才處理。我在每次自助旅行前，都會非常仔細且完整的規畫好每天的行程、住宿和交通，從來沒有像這樣只有簡單的旅行構想就出發。我甚至有些生氣地質問她：「不是計畫了半年嗎？」姐姐跟我說，旅遊書上面都有很充足的資訊，她認為只要到了目的地就會有辦法。不曉得是我想的比較嚴重，還是她太過天真，但離啟程也剩不到幾個小時，只能硬著頭皮就這樣出發了。之後有空閒時翻翻那幾本歷史書，發現姐姐是真的很認真在閱讀資訊，充分了解土耳其背後的歷史與文化後，才選擇想去的地方。她有做足功課，只是在意的點跟常人不同。還好我是平常人而不是文人，所以我很認真的煩惱平常人會注意的各項重點，這樣的搭配也算是完美。

就這樣我們帶著五本書出發了。

第一週我的肚子都是痛的，是一種無法放鬆的緊張。因為經驗告訴我，一切沒有這麼簡單。所以剛到土耳其沒幾天，兩人就吵架了。沒有方向感的我們，就算看著旅遊書的地圖走，往往還是找不到目的地，要花很多時間兜圈子。在崇尚精實旅行的我看來，迷路就是一種時間的浪費，但姐姐持相反見解，覺得迷路也是旅行的一部分，她很樂於在這些陌生的地方悠閒散步，這樣才會有特別的發現。時間久了，我們也漸漸有了平衡，我不再會為了找不到路焦躁不安，而她也因為迷路次數太多，或擔心太想去的景點去不了時，會開始積極探路。加上有旅行三寶的保佑，這段旅程慢慢有了固定的模式。

旅行三寶指的是旅遊書、指南針和路人。去土耳其旅遊的時候，智慧型手機並沒有這麼普遍，姐姐還特地買了一台輕薄的筆記型電腦。但網路不夠發達，我們在外面的時間，還是都要靠自己和手中的旅遊書來找路。現在的網路環境已經不需要旅遊書了，很多資訊一上網就查詢得到。但對當初的我們來說，那就是救命仙丹。書上資訊真的很充足，超過我想像得詳盡。不僅介紹重要的景點，還會推薦各種交通方式，甚至是景點背後的小故事，我們都當故事書來讀。還有地圖，很方便對照，也不太會出錯，前提是要搞得清楚東南西北，這個時候就需要指南針了。我媽常說不知道我們兩個路痴是要怎麼自助旅行，可是我們有指南針啊，只要把方位確認好，再看好地圖，就不會走錯。我們是有這樣的自信，但還是常常找不到路，原因是個謎。後來有次我跟日本朋友一起去越南玩，當時也帶著旅遊書，他只看一下地圖就收起來了，輕鬆帶著我走到了目的地。我真的不知道是怎麼辦到的。我跟姐姐總是要打開地圖，擺好方向，對照很久的街景跟道路後，才敢開始走，然後每到一個路口，再重來一遍。

最後是路人。路人真的好重要，是發生原因不明的迷路時，最重要的解決方法。我已經練就很自在地說出問路的慣用英語，也絲毫不會對於問路人問題而感到害羞。土耳其人的英語能力不是很好，姐姐曾經問我都聽得懂他們在說什麼嗎？我說聽得懂耶，因為我是菲律賓老師教出來的啊！這兩國的英語發音有得拚，實在無法判斷哪邊的口音更嚴重。

土耳其人對觀光客都很友善，有時候才剛在路口打開地圖，就馬上有路過的土耳其人靠過來問我們要去哪裡，甚至會直接帶我們到目的地。在庫夏答西（Kusadasi）時，我們因為被菜市場的鮮榨水果汁迷住而忘記前往目的地的路，當時就有親切的當地人來搭訕，要帶我們去想去的古城廢墟。因為無計可施，也只好跟著走，但這位土耳其老兄完全不會說英語，我們很懷疑他真的知道我們要去哪裡嗎？還是其實是要誘拐我們？我沿路一直跟他確認，他總是笑嘻嘻地說著聽不懂的話，要我們跟他走，走了超級不安的三十分鐘後，我們真的到目的地了。而他笑笑的跟我們揮手說再見，一點也不覺得在高達四十度高溫的午後，領著我們走的這段路程有多麼辛苦。應該要請他喝一杯鮮榨水果汁的。

其實這種拜託路人帶路的方式也具有一點危險性，更需要一些勇氣和運氣。在抵達安塔利亞（Antalya），正拚命地尋找旅館的位置時，也有個親切的土耳其人要帶我們前往。雖然覺得有些熱心過頭，但因為有過之前的經驗，加上他似乎很習慣為人帶路，推測可能是旅館人員等等理由，我們就跟著走了；他真的帶我們到達旅館，但沒有想到的是，他居然馬上伸手跟我們要錢。最後我們有付錢給他，畢竟他確實有提供幫助，但當下還是受到了一點驚嚇，心裡想著，如果他獅子大開口的話就麻煩了。雖然這趟旅程我們真的受到很多陌生人照顧，但還是不建議太過依賴別人。

在土耳其很難遇到自助的亞洲遊客，韓國人占最大宗，日本人次之，台灣背包客則非常少。通常只要看到一個亞洲面孔，我們就會非常興奮的前去搭訕，一般都可以得到很豐富的參考資訊，因為大家旅行的方向不一定相同，對方去過的城鎮很可能就是我們的下一個目標。而經過種種境遇之後，我們意識到有種人很好用——韓國人。當然不是真的把他們當工具，而是對於他們帶來的幫助感到深刻。

韓國人有個很像台灣背包客棧的網站，專門分享有關自助旅行的資訊。但不同於台灣的網站設計成布告欄的方式，韓國的網站有更多更細節的評價及資料分享，查詢起來非常方便，資訊也更新很快。第一次遇到和站務員講價的韓國旅客是在買巴士票的車站，他們直接告訴站務員不應該是這個價錢，而應該是多少錢。我們簡直大開眼界，巴士票價不是都固定的嗎？還可以講價的喔！韓國遊客告訴我們，他們的資訊網站上都有寫出合理價錢的範圍，因為土耳其人會用比較貴的價格把票賣給觀光客。有一次我們向土耳其警察問路，他熱心的直接帶我們去搭車，還幫我們買票，竟然拿到史上最低的票價，從此就相信韓國人所言不假。

韓國人是很團結也很討厭被欺負的民族，因此大家都會把自己買過的票價、物美價廉的旅館，甚至是當地旅行團的選擇等資訊分享給其他人參考。也因為韓國自助旅行十分興盛，使得訊息交流更加豐富充足。我和姐姐當然是看不懂韓國的資訊網站，因此只好將韓國人當作最棒的詢問對象。甚至有時時間太過緊急，我們都到了下個目的地了，卻對住宿的旅館還沒有頭緒時，就一定會跟著韓國背包客走。通常他們選的旅館都是乾淨又便宜的，而且屢試不爽。

在土耳其旅遊的時間長了，很快就會產生一種旅行的直覺。只要不是前幾名的大城市，街道的規畫都不會太複雜。一般來說，到新的目的地之後，從巴士站出來沿著大馬路走，就很容易走到小市鎮市中心（如果是稍大的城市，通常都會有接駁小巴士）。如果巴士站就在市中心隔壁，那就更容易了。通常在車站的附近，就會有很多背包客棧或旅館。只要按照自己的預算，選擇合適的旅館就可以。我和姐姐的搭配，通常都是由她看顧行李，我到處去詢問旅館的價格，再一起決定住宿的旅館。到了旅館後，還不可以馬上休息，因為基於安全的顧慮，常常都是搭早上的巴士到下一個定點，避免天黑之後才開始找住宿。所以我們到旅館的時間都還很早，通常會馬上開始洗衣服曬衣服。一切安頓完畢後，才帶著城市地圖到四周去走走。土耳其的小城鎮很簡單，小餐館也很多，超市只有幾間但規模都很大，我們一定可以把需要的食材買好，或飽餐一頓。觀察完所有的地形之後，開始規畫這幾天的行程。只要不要忘記在參觀景點的時候，預約到下一目的地所要搭乘的交通工具就好，因為售票亭通常都設在鬧區，不提早預約很容易就不能完美的符合自己的規畫。這樣一套固定的旅行模式，讓我們的自助旅行終於穩定了下來。我再也不用因為要換到新地方而感到不安。

土耳其真的是非常適合自助的地方，在交通工具上更提供全面的支援，多樣化的住宿選擇更不用擔心會露宿街頭。基本的生活條件具備之後，就可以很安心的到處遊覽自己想去的地方。我們從剛開始的規畫隔天行程到三更半夜，到後來的在早上十點才開始悠閒的邊享受早餐邊討論行程，突然發現姐姐當初的設計真的還蠻適合土耳其的環境。越簡陋反而越多變化，可以配合當地風情選擇不同氣氛的旅行。我們住過在地面下的洞穴屋，也住過架在樹上的樹屋。搭過巴士，也坐過船，更騎過馬。不受既定行程的限制讓我們有更多的選擇空間，彈性又自在的旅行方式可以有享受的時刻，也能記得節省。不用煩惱太多關於旅行過程中的問題，更多的時候我們是在搞懂兩河流域歷史朝代的計算（到底什麼王朝到什麼王朝是西元前幾年還是幾千年前），與回教跟基督教間的衝突問題（衝突與並存交織出土耳其豐富的人文與歷史）。

這真的是一趟很富足的旅行。

02

充滿驚奇的背包客棧

如果貪懶而放棄人生可能唯一一次看到可貴事物的機會，那真的是多少的後悔都無法彌補的……

在土耳其的這段期間，我們嘗試了生平第一次的背包客棧。土耳其的背包客棧不像日本一樣，雖然都是多人一間，但不會做任何區隔，也沒有個人隱私，更沒有嚴格的禮儀規範。頭兩天的晚上，我們雖然住進了姐姐在台灣就預約好的高級旅館——真的是很簡單很有格調的房間，但以歐元來看，收費並不便宜。不過這只是暫時的。從一開始我們就決定採取體驗背包客的旅行方式，如果要享受住宿，就違反了當初壯遊的初衷。不是一定要強調多麼艱苦的窮遊，但希望把經費花在更有價值的地方。就像同樣睡一個晚上，真的只需要一張床就好，飯店的設施、房間的擺設跟配置，對於每天早出晚歸、裝備精簡的我們來說，其實是沒有必要也沒有機會使用和欣賞的。而且姐姐也一直強調希望能在外國認識新朋友，想借由這次出遠門的機會，跟更多國外的人交流。就這樣，我們在第三天之後就住進了背包客棧。

在這一趟土耳其的旅途中，我第一次知道什麼是旅人的朋友。這些朋友會在不經意的地方加入你的旅行，但又會輕易地揮手就離開。那是一種真正奇妙的緣分，因為這個世界這麼大，土耳其這麼遼闊，而我們卻有辦法在這麼長的旅途中，可以和某些人有了交匯。這些，都是因為背包客棧。

旅館很靠近伊斯坦堡的市中心，幾乎是用走路的就可以到達所有想去的景點。我們還特別選擇了最大的一間房，可以住進二十多人。其實有人數少的房間可以選擇，但當時的我們真的非常天真，對於危險沒有思考很多，覺得人數多的話，更有機會認識一些也在旅行的國外朋友。在有好幾張上下鋪的大房間裡，我們在選床位的時候，突然被前面那張床上的筆記型電腦吸引了目光，那是 iPad 還沒有普及、電腦還很貴的年代，我看到大喇喇地被丟在床上充電的電腦非常驚訝，真的有人比我們還相信人性本善嗎？

電腦的主人晚上回來了，是一對韓國堂兄弟，我們以生硬的英文跟他們交談，才知道他們剛從伊朗過來，在土耳其之後還要去埃及。這是我們第一次跟旅途中的陌生人聊天，幾乎使出了我們全部的英文能力。後來還加入了一位睡在我上鋪的俄羅斯女孩，她也已經旅行好幾個月了，韓國堂哥對她的興趣濃厚，很顯然他比較想跟說英文的西方國家的人交流。但堂弟卻是非常的坦率可愛，英文不好的他很熱情地想跟我們聊天，還互相加了 facebook。

不同於韓國兄弟，我和姐姐很早就上床睡覺，但其實土耳其的夏天是晚上九點才天黑，對他們來說精彩的現在才開始！外面一直傳來街上喝酒歡鬧的聲音，可以想見土耳其是越夜越美麗。但我跟姐姐卻沒辦法加入他們，因為我們很清楚的知道人生地不熟的我們，必須要靠自己來盡可能地遠離危險。但因為整間房是二十幾人的上下鋪，我們一直不斷聽到有人來來去去。有群約莫二十多歲的白人大男孩們，白天都在睡覺，晚上了就占據房間外面的花園飲酒作樂，這才是他們出遊的樂趣吧。住在背包客棧就免不了要受到各種打擾，共用的衛浴也常常要花時間等待。但第一次的經驗總是有趣的，我們也很幸運地沒有遇到偷竊的事情，更加強了我們住背包客棧的勇氣。

到了離開伊斯坦堡的最後一晚，才再度遇見韓國兄弟。我們一樣要搭很早的一艘船去布爾薩（Bursa），所以互相提醒著要一起出發。在前往碼頭等船時，看到堂弟一直在煩惱著他的行李箱突然打不開了，不管試了幾次密碼都一樣。我跟姐姐都是很熱心的那種人，一直不斷地揪著堂弟的行李試密碼，就依著想到的數字轉，沒有根據且處於超級絕望的狀態，突然間竟然被我打開了！很驚奇但就真的發生了！我甚至連轉到什麼密碼都不知道。在場四個人都驚到說不出話來。我想也許就是有一種神奇的緣分吧！

下船時，我們試著要找他們但沒有找到。當拉著行李跟著旅客一起搭巴士要去市區時，我跟姐還在說著很可惜、沒有跟他們說聲再見，卻在巴士中途開車門要載客時，看到他們就站在對面的路邊。我們示意他們怎麼不上車，他們搖搖手然後比出搭便車的手勢，真不愧是真正的背包客！這就是我們輸他們的地方，雖然先天上女生就比較弱勢，但在勇氣上還是輸了。

一到布爾薩我們就急著住進青年旅館，開始龐大的洗衣工程！就像前面所提到的，自助旅行因為要精減行李，勤勞的換洗衣服就變成很重要的工作。也還好都是住在廉價旅館，帶來的童軍繩東綁西綁，總是能弄出一個完美的曬衣場。當我們洗完衣服、打開窗戶要曬的時候，我看見窗外一個傻傻的人站在那裡。就是堂弟，沒！有！錯！我笑到合不攏嘴，一直呼喊著他，他也看見我們了，開心的說著他們也是要住這一間。這就是自助旅行很有趣的地方，你沒有辦法有所謂完善的計畫，也勢必有很多的遺憾，但驚喜卻是在忽然之間。我們怎麼能預料布爾薩這麼大，都洗完衣服經過這麼一會工夫了，他們才成功搭到便車，還住進跟我們一樣的旅館?!

在這間青年旅館裡，有位很有趣的土耳其大叔 Hamet。他在韓國的旅遊網路上小有名氣，姐姐則是在某本遊記的書中知道他的。聽說他是一位國中老師，經常出沒在這間旅店，帶著遊客到處去探訪。我們很幸運的也遇見這位傳說中的大叔，他非常親切地跟我們聊天，對著我們說，他很容易就能判斷一個人的好壞，因為從眼睛可以看得出來，我和姐姐都有雙單純的眼睛，所以他知道我們是很不錯的人。聽了這些話我們當然很感動，一口答應了大叔的邀約。雖然過了幾天後，我們也聽到他跟另一位新來的白人妹妹也說了相同的「妳眼睛很漂亮」這樣的話。

自從遇見了 Hamet 大叔後，我們多了許多有趣的行程——有在地人導覽真的比較不一樣。第一天，大叔帶著我們跟一群德國妹妹們，去到了朱馬勒可茲克（Cumalikizik）舊城區那裡一間很特別的餐廳，坐在亭子裡吃了頓豐盛的早餐。有來過土耳其的人就會知道，土耳其的早餐是很一成不變的，不外乎是一盤小黃瓜、番茄、乳酪、還有果醬，可能還有幾粒醃橄欖，再加上吃到飽的麵包（土耳其的麵包世界有名）。而這家傳統早餐店，內容也不外乎是上述的基本班底，但卻豐富得多，光起司就有三、四種，加上自製的果醬、辣椒醬，拿麵包沾著吃都非常美味。

接著 Hamet 大叔帶我們進入舊城區裡，這裡還維持著很古宅的生活型態，保留了鄂圖曼時期的房屋色彩，樣式很繽紛。小鎮鎮民大部分以務農為主，其中以櫻桃跟桑葚為大宗。我們還去參觀了私人果園，不需要收門票，但卻可以放肆的任意摘取果樹上結實累累的櫻桃來吃。在那裡，我第一次吃到白桑葚，簡直無法相信這種水果竟然可以這麼的甜。之後我們回到市區逛了皮影戲店，試穿了土耳其傳統服飾，還到了我想應該是土耳其大叔們飯後最常消磨時光的紅茶店去坐坐。

土耳其人是非常崇尚喝紅茶的，因為天氣炎熱，為了使體內跟外面維持一樣的溫度，他們一天可以喝到十幾杯的紅茶。但不像台灣的泡沫紅茶店，土耳其的紅茶玻璃杯很小巧，紅茶泡得非常濃郁，加入小時候我們很常見到的方糖，甜度之高令人驚奇。我發現土耳其人有兩種生活必需調味料，鹽跟糖。不管任何料理一上桌，不用嘗味道，一定先撒鹽。任何紅茶一端上，不論多小杯，先來五顆糖。

紅茶店不僅僅賣紅茶，一些大叔還會圍坐著，邊喝紅茶邊彈奏一種很像吉他的樂器，但聲音低沉很多。他們邊彈邊唱，非常沉醉在其中也很自得其樂。旁邊的大叔和一些年輕人也會自然而然地隨著音樂起身跳舞，每個人都很有表演慾。土耳其人是非常喜歡跳舞的，而且不同於 HIP HOP 的時髦舞姿，他們喜歡的是平舉雙手，邊用拇指打拍子，邊扭腰擺臀的傳統舞蹈。有一次我們看完內姆魯特山（Nemrut Dagi）的日出，天還沒完全亮，冷得邊發抖等車時，就曾經看到一群十幾歲的年輕人從車裡跑出來，跳著這種傳統舞蹈。我們才發覺原來舞蹈已經真正融入他們的生活，不分老少，開心時就跳舞，不崇尚西洋時髦的街舞，也不講究高超的舞技，他們擁有的傳統就是流行。

Hamet 大叔的行程像是固定的一樣，很快的兩三天就走完。之後又看到他很老練的再用眼睛去搭訕其他觀光客。但我們很感謝他，如果不是他，我們沒有辦法在這麼短的時間，就這麼快的親近布爾薩，從他身上，我們知道了更多有關土耳其的日常。他也從來沒有欺騙我們什麼，該負擔的費用也會很清楚地在出發前告訴我們（其實也只有那一頓早餐的錢），到紅茶店的紅茶錢，也是他自己默默地幫大家付掉。我想他也許就是一個很寂寞的大叔，喜歡藉由看到旅人身上對新事物的驚喜，來增加自己生活的樂趣。如果是參加觀光團，或是住在高級飯店，我想是很難有機會可以和這樣特別的人相遇。

在旅店住宿的期間還是常常遇到韓國兄弟，他們沒有加入 Hamet 大叔旅行團，所以很多時候，不是我們才剛到景點，就是已經結束了要離開時，才有機會拍到他們的肩膀打招呼。但有幾次的夜晚，我們還是能在旅館樓下和其他房客聊天時遇見他們，會一起聊聊去了哪裡，發生什麼有趣的事情。沒有共同的行程，也沒有真正地成為朋友，但對於這樣一對第一次在旅途中認識的人，心裡總覺得他們是很珍貴的存在。

旅館裡還有另一位韓國女孩林。她從一開始計畫待在布爾薩三週，到現在已經兩個月了。Hamet大叔偷偷跟我們說，她好像跟一個土耳其人談戀愛，才會在這裡待了這麼久。雖然我們常常看到她，但也只是禮貌的點頭打招呼而已。直到後來因為要訂巴士的票，而我們跟旅館主人老夫婦實在雞同鴨講，才拜託剛好出現的她教我們怎麼處理，那是第一次真正說上話。但也因為訂票一波三折，我們整整比計畫多空出了一整天的時間。她竟然對我們說，如果還想到哪裡走走的話，她很樂意當我們的導遊。我們在布爾薩的最後一天，都是林帶我們四處去逛逛。大清真寺、綠色陵墓跟有名的市集。我們邊走邊聊，而她因為已經待很長的時間了，知道得很多，也都不吝嗇地跟我們分享，還推薦我們接下來在哪個景點可以住在哪間旅館。因為有她帶著我們走，節省了很多時間，幸運的去了本來以為應該去不了的地方。記得她曾經問我們誰是姐姐，知道後說：「但妹妹妳是比較強勢的對吧。」因為這幾天的相處，發現都是我在拿著旅遊書，忙著在看地圖。她說兩個人旅行都是這樣，最後會變成比較能幹的人在忙，但也比較不會爭吵。突然眼眶微熱，好像終於有人明白我的辛苦，那種也不想這麼累卻放心不下的心情。

就是這樣，雖然房間簡陋，雖然很有可能天黑之後熱水就不夠（土耳其很多地方都會使用太陽能），但也只有在這樣便宜的青年旅館，你才有機會遇到這樣多對陌生人熱心，對旅行真正有熱忱的背包客玩家們。

離開布爾薩的那天，我們跑去韓國兄弟的房間跟他們道別，因為接下來就要去到不同的城市，是真的要說再見了，但堂弟正在上廁所，所以我們只能在廁所的門口跟他說我們要走了。在拖著行李要走到巴士站的途中，突然聽到吵雜的聲音，回頭看到堂弟竟然從山坡上衝下來。他很害怕沒能跟我們說再見，所以往車站的方向衝來，我們感動得都要哭了。他真的是很單純也很感性，我們也是，這樣萍水相逢的感情又輕又重，也許沒有機會能再見面，但至少能夠好好地說再見。

之後我們去了很多地方，繞完地中海要前往土耳其著名的棉堡（Pamukkale）時——是個很漂亮的石灰岩風景區。距離跟韓國兄弟道別已經有一段時間的我們，又在洗衣曬衣的時候，在窗外看見那對很熟悉的身影。我看到韓國兄弟了！驚喜的又叫又跳，他們也好驚訝能夠遇見我們。那是我們在這麼大的世界中，第三次不期而遇了，也終於像同伴一樣走在一起。

對什麼都很有興趣、主導力很強的堂哥，在我們一起逛棉堡的時候，拖著我們走到離中心很遠的一個古城廢墟，就為了要看幾付已經頹圮的石棺。那個廢墟真的很遠很遠，除了堂哥之外的我們都很疲憊，很熱也很渴，腳也被乾草割得都是傷，但堂哥沒有讓我們有可以回頭的機會。在這樣的過程中，我感受到他毫不動搖的信念跟堅持，那是我們當初出發時有，卻因為長途跋涉的疲憊，而漸漸消失的。我們常常為了貪圖休息而放棄很多美麗的景點。但經過堂哥這次的感召，感覺又再次重新振作了精神。因為說真的，如果貪懶而放棄人生可能唯一一次看到可貴事物的機會，那真的是多少的後悔都無法彌補的。幸好這次可以有人一起走，而且是值得信賴的兩個小男生，我和姐姐才能夠在幾乎沒有觀光客的廢墟裡走了這麼遠，支撐這麼久。雖然刻苦，卻又滿足。

夜晚，我們在泳池邊吃東西，我們用台灣泡麵，換來了「安城湯麵」裡的泡麵調味粉，據說是想用來泡湯飯的，但堂弟卻忘記帶韓國有的一種即食米飯。飯後我們一起玩了在韓劇裡看了很多，卻是第一次玩的花牌。要用英文教我們學會花牌真的很困難，這時我們終於見識到就讀首爾大學的堂哥的聰明了。花牌上有很多漢字，如果不夠用功的人是很難識得漢字，堂弟就看不懂。但堂哥會用手機打出漢字，再用漢字教我們記牌，然後告訴我們怎麼玩。花牌的四人玩法，一定會有一個人先出局，他們兩個就輪流出局來陪我們練習。縱使後來我再遇到那麼多的韓國人，但那是我玩過最開心最有趣的一次了。

隔天早上七點，眼看要去埃及的韓國兄弟就要出發了。姐姐硬生生的把睡得很死的我挖起來，堅持一定要跟他們說再見。我們在窗外陽台等待，終於看到他們從房間裡出來，一樓的他們對著在二樓陽台的我們揮手，我很不想哭，覺得很幼稚很丟臉，姐姐也沒有哭，但之後我們都坐在床上沒有說話，也再也睡不著了。

待在土耳其的兩個月，因為時間真的很長，所以我們也有機會進入到一般背包客比較不會進入的庫德族區。相較於西部的繁華，東部的庫德族區比較落後。據庫德族人說，因為他們和土耳其不同種族，宗教也有些差異，所以國家的重心都一直放在西部，這樣的差別對待使得他們的發展一直停滯不前。在同樣的國家卻因為種族不同而受到不一樣的待遇，這是生在台灣的我們無法想像的。也因此，庫德族區一直吵著要獨立，甚至延伸了一些治安上的問題。

庫德族區有個非常有名的景點，就是內姆魯特山。內姆魯特山的山頂，是由岩石碎片所堆積而成，其實是一個陵墓。東邊與西邊，都各自有五座神像與老鷹獅子的石像。但因為地震的關係，石像的頭部都紛紛震落了，形成非常特殊且知名的景觀。這個遺跡是我最想要去的地方，但卻離市區有很長的一段距離。

在出發之前，我們曾經非常擔憂庫德族區的安全，因此邀請了我們的大姐加入行程，所以從卡帕多奇亞（Kapadokya）到內姆魯特山的這一段旅程，就是我們三姐妹的冒險！大姐一直是崇尚舒適旅行的人，因此我們在過程中必須不斷對她洗腦：在土耳其真的不需要很高的消費，就可以住到乾淨舒適的房間，而且價差真的非常大！我們在卡帕多奇亞住的洞穴屋，因為配合了大姐的品味，兩天的房租就相當我們在土耳其十多天的住宿費用。後來到了夏露烏爾發（Sanli Urfa），一出車站，就馬上帶著大姐跟著一位應該是韓國人的背包客走，果不其然，就在市區地方找到一間很棒的青年旅館。雖然是共用的衛浴，但竟然有三人的房間，還有一大扇窗戶，非常乾淨明亮。連大姐都說，這樣的房間真的就已經很足夠了。所以來土耳其真的不用住飯店啊！

話說回來，如何到內姆魯特山是一個麻煩。我們知道，最能解決問題的一定是青年旅社的老闆。這間旅館的老闆看起來很像生意人，卻很親切，他將旅館經營得非常有氣氛，大家都可以很自在地在大廳閒聊，也有很多布告欄的資訊分享。當我們說想要去內姆魯特山之後，老闆馬上自告奮勇的說要帶我們去，原來他也有在帶一些額外收取費用的參觀行程，我們馬上報名了。

隔天凌晨出發的旅行團只有我們三個，我們一上車就拚命睡，老闆也默默的一個人開車。到了停車場之後，老闆還貼心的準備了外套跟棉被給我們，我們才知道外面的溫度非常冷，尤其土耳其是屬於大陸型氣候，日夜的溫差非常大。從停車場到山頂還要爬約十分鐘的路程，溫度太冷使得這段路格外艱辛，感覺裹著棉被的大姐都快要斷氣似的，但趕上日出讓一切都值得。山頂上早就擠滿一堆等待日出的人。當太陽探出頭的那一霎那，整個山頂都在太陽光的照射下呈現熾熱的火紅色，但山下的大地卻還是陰暗的灰，那種神聖的氛圍真的好難形容，是永生難忘的感動。天亮之後終於能夠清楚看到安條克一世的石像——墳墓的主人，一位過去的國王，他把自己和眾神排放一起，即使在這個並沒有很大的陵寢裡，也充分展現了無比巨大的野心。也幸好他的自負，才能留下了這樣震撼人心的歷史遺跡。

老闆陸續帶了我們參觀了至少八個景點，這個迷你旅行團真的可以說是值回票價。駕駛兼導遊的老闆，很盡力的在說明，但因為太深的英文我們也不懂，很多景點看起來普通，回來查過後才知道是多麼了不起的地方。像幼發拉底河的上游，這種只有在歷史課本上看過的充滿傳奇的河流，我們卻以為只是一條小溪而沒有多加留意，只注意到河水超級冰冷，而且馬上被在河邊喝水的牛群吸引了注意力。知道真相後真的懊惱不已，但遺憾的永遠最美好。

這個背包客棧旅行團雖然成員倉促成軍（就我們三姐妹，還有一些後來陸續上車的義大利人），也沒有豪華餐點（只有老闆帶我們去吃路邊早餐，還有邊走邊買的零食），卻讓我們印象深刻。這種彈性又克難的小旅行團，我相信在很多地方的背包客棧一定都有，它的樂趣要參加了才能知道，值得嘗試一次。

印象最深刻的還有和二姐在安塔克亞（Antakya）的時候，我們住進了一間二樓的背包客棧。那間旅館真的好舊好破，連門鎖都不太牢靠，感覺輕輕一撞就很容易被撞開。我們一直是很好相處的顧客，但這間旅館是唯一被我們要求換房間的。往房間外面看就是大街，是一個很雜亂的商店街，其實比較像是菜市場。因為很靠近車站，人來人往的非常複雜。不僅是外面，裡面住宿的人清一色都是男人，而且沒有任何觀光客。安塔克亞位在土耳其最南邊的地方，非常靠近敘利亞，因此有非常多的敘利亞人會來這邊做生意，就會住在這種簡陋的旅館裡。坦白說我們兩個女生，住在這種旅館裡非常不安全，在回教國家的人居多的狀況下，兩個亞洲女子其實非常顯目。我們一直試圖想找到更好的旅館，但這裡畢竟不是一個觀光城市，所以我們只好勉強住了下來。一樣是公共衛浴，共用空間常常有回教男人在膜拜。我們盡可能的不在外面走動，只有洗澡跟煮飯時才會出來。洗澡後根本是像風一樣的衝回房間，這是我在土耳其已經快一個月，第一次像這樣住得充滿警戒。

就在一次旋風式的煮完泡麵衝回房間的時候，有位不知道應該是土耳其人還是敘利亞人的大叔，敲了我們的房門。這時候真的不知道應不應該開門……鼓起勇氣微微開了個縫，結果這名大叔從門縫裡塞了兩根小黃瓜。原來是看到我們在煮飯時，竟然只煮了兩碗泡麵，大概覺得營養不夠均衡，才拿了小黃瓜給我們加菜。在我們處於如此緊繃的時刻，突然的一份善意，讓我們完全像鬆了氣的氣球一樣，安心了下來。至少這位隔壁的室友會照顧我們啊！過了沒多久，又摳摳的兩聲敲門聲，發現他又端了兩杯紅茶給我們。因為在土耳其，他們習慣飯後一杯熱紅茶。這時候真的覺得所有的緊張不安完全得救，一杯紅茶不僅溫暖了我們的身體，也暖了我們的心靈。

背包客棧裡的大家真的教會了我很多，不僅僅是旅行上的幫助，還有同為人類互相照顧的真心。英語說不好，文化不同，習慣不一樣，都不是理由，人與人之間的交往需要的，真的只是放開那個心胸而已，不需要用國籍宗教去評斷，更不需要偏見。友善與微笑才能真正代表一個人，其實我們都一樣。

這一兩年敘利亞的內戰，總會讓我想起在安塔克亞這間旅館遇到的大叔，不知道他怎麼了，還好不好？當初熱熱鬧鬧的商店街，土耳其人和敘利亞人在這一個小城鎮共處，這些和平的景象都還一樣嗎？

我已經沒有機會再去確認了，只覺得有點想哭。

03

用泡麵換來的博物館之旅

飯可以不吃，但博物館絕對不可以不去……即使資金不寬裕，我們還是要當個精神富足的人！

來到土耳其，你一定要去博物館。

從西臺帝國、拜占庭帝國到鄂圖曼土耳其，悠久的歷史在這個國家遺留下了許多痕跡。這些知名遺跡所挖掘出來的寶物，都已經搬至博物館裡保存展示，原地僅會留下外面的建築物，至於細緻的內容物，一定要在博物館才看得到。不論是清真寺教堂、地下宮殿，甚至是海灘，只要是值得去一探究竟的景點，很多都已經被規畫成為博物館。這是一個以觀光為最大收入的國家，在重要文物保存上所作的努力。因為是以國家為主導，這裡的門票都是經過統一規畫的，即便是同樣形式，但設計上還是保有各個博物館本身的特色。可以將蒐集博物館門票，視為一件值得挑戰的事，這也只有在富含豐富歷史寶藏的土耳其，才能辦得到。

當初會選擇土耳其作為這次旅行的目的地，很大的原因是因為姐姐是一位歷史老師。她閱讀了很多書籍，發現認識越深，越覺得土耳其有很多值得挖掘的寶藏。最後甚至把原本一個月土耳其、一個月埃及的計畫，改變為將全部的精力都投入在土耳其中。很多人都計畫過很長很久的旅行，但我想真的很少有人會花上兩個月的時間，全心的待在單一個國家裡。也因為我們擁有很充裕的時間，所以幾乎是用盡了心力，踏遍每間能走到的博物館。

在攜帶的五本書當中，有三本是說明比較詳盡的歷史書。我們總會在出發到某個知名景點前，先花心思閱讀書裡的介紹。很擔心沒有作足功課，會錯過了什麼很重要的名物；或是因為自己的不了解，而忽略了某些寶貝的價值。這是來到土耳其很重要的一份作業，因為這裡的古蹟都是以千年為單位，不同時代有不同的文化色彩，如果不願意去了解，就很難在其中得到樂趣。

第一個震撼就是在以佛所（Efes），那是我第一次親眼看見古希臘的大城。在這裡，真的會被保存良好的市街道、圖書館、競技場，甚至是妓院震懾住——我覺得能判斷出妓院真的太了不起了，甚至還可以在地面上看到刻著的妓院廣告。我跟姐姐拿著地圖，一個一個的確認每棟建築物，這是公共浴場嗎？這裡原本矗立著什麼神像？神殿裡又供奉著哪位女神？遺跡裡大致留下了整座城市的格局，噴泉神殿還有紀念碑都還能夠分辨，公廁也還能看到沒有隔間。但時間終究毀壞了大部分的容貌，很多都需要再加上自己的想像。然而即使是這樣，這裡所留存下來的一切，也已經夠了不起。聽說到現在，大劇場也還會舉辦著演奏會呢！這座古希臘羅馬大城，因為使用石頭建築，而能幸運地在現代復活，讓我們竟然能和百年前的古希臘人走在同一條大理石大道上。同樣熱愛歷史的我跟姐姐，在這裡就待上了一整天，雖然遺跡中沒有任何遮蔽物，還熱到頭頂都冒出煙（相信我，熱到一定程度頭頂真的會冒煙），但直到黃昏都捨不得離開。

回到市區還要再走四十分鐘，我們那天各買了一顆大西瓜犒賞自己。

不僅室外的建築震撼人心，出土的文物也很值得一看，這些文物都會被移到室內的博物館珍藏。像以佛所的考古物件，都被放在「以佛所考古學博物館」裡面。然而在眾多室內博物館當中，我印象最深刻還是馬賽克博物館，因為這樣的藝術品，我是第一次看到。在土耳其不斷挖掘出非常精美的馬賽克藝術，根據旅遊書所說，那是值得繞一大圈去看看的，就因為這句話，我和姐姐千里迢迢的跑到安塔克亞。因為在安塔克亞的哈泰馬賽克博物館裡，收藏了很多羅馬時代的馬賽克作品，它們都被完整的展示在牆上。雖然很多都已經殘破不全，但還是可以從剩下的片段看出它製作的精美度和細緻度。整個博物館非常明亮，雖然不大，但畫作都很有意思，每一幅都可以觀賞很久。這裡大部分作品都與希臘神話和聖經故事有關，若已經對聖經故事有一定程度的了解，在理解畫作時一定會更有感觸。對於有基督教信仰的人，真的非常推薦來這裡，因為即便不是教徒的我，在看到如此真實的作品時都深受感動。

土耳其的博物館對我們帶來的衝擊絕對不僅如此。看著自己收藏的門票，竟然去過至少十九間的博物館或遺跡。這樣的功績要付出不少汗水加淚水，淚水是因為要花費不少的成本。坦白說，比起他們去發掘、維護這些無價之寶的成本，這些門票並不貴。但除了門票之外，交通與住宿的花費確實不低。即使如此，我與姐姐仍舊深深著迷其中，不管再遠，都絕對不會放棄到任何一處參觀的初衷。我們的宗旨就是，飯可以不吃，博物館絕對不可以不去！

因此，這長達兩個月的旅途，我們唯一犧牲的，就是餐餐的大魚大肉。我是從菲律賓直接出發到土耳其的，所以身上至少帶了二十包菲律賓泡麵。聽起好像很多，但其實吃過的人就會知道，菲律賓的泡麵真的非常小，很符合他們超小的食量。但我不是菲律賓人，大概一餐就必須要吃掉兩包菲律賓的小泡麵。姐姐是從台灣出發的，她不僅記得帶台灣泡麵，還記得上網去買登山人專用的戶外料理器——一個小小的方盒，可以組合成一個小型電磁爐跟一個小方鍋。我們都是用這個小小料理器煮泡麵的，頻率大概是每兩天會吃一到兩餐的泡麵。這真的不是一個良好示範，因為到後期我跟姐姐都滿臉痘痘，除了旅行真的非常疲勞外，泡麵也不是一個健康的飲食習慣。但比起口腹之慾，我們更看重的是精神的食糧，即使資金不寬裕，我們還是要當個精神富足的人！

常常自助旅行的人都會知道，長途跋涉真的非常耗體力，尤其身上往往都是背著重物，餓肚子的話很容易就會因為血糖太低而暈倒。所以我的計畫是這樣的，就是早餐吃得飽，晚上沒煩惱！我大概將一天分成兩餐，早上吃麵包，到下午三、四點的時候，肚子開始覺得餓才會再進食。土耳其最遠近馳名的就是他們的麵包。跟亞洲常見製作精美、包有豐富餡料的麵包不同，最常看到的土耳其麵包，有點像法國麵包，口感單純卻很有嚼勁，越吃越香越好吃，而且店家常常會將一條切成段，一片片放在桌上讓客人無限享用，通常都是免費的，這是土耳其料理最窩心的地方。就算是旅館所附帶的早餐，也都會提供無限量的麵包。我大概早餐可以吃到六塊，不是一片的，是大約拳頭兩倍大的麵包。雖然麵包本來就是土耳其的主食，但像我這樣吃，也確實過量了，為的就是確保在傍晚前不會餓肚子。就像前面形容過的，土耳其的早餐一成不變，所以我也就這樣吃了兩個月的麵包。

即使這樣省吃儉用，物資還是有點缺乏，畢竟兩個月的時間真的很長，我們很快就把泡麵吃光了。就在這個時候，剛好有後勤部隊前來支援，就是我們的大姐。她在我們出發後一個月加入我們的隊伍，儘管只是一週的時間，但她帶來的行李絕對不是一週的分量，是我們往後一個月的救命儲糧。還記得看到她從行李箱裡拿出筍絲焢肉調理包時，我的眼淚都快要飆出來了（不下於災區收到空投物資的感動）。

這樣聽起來其實有點悲涼，但畢竟是在外流浪的人，所以還是要為往後的日子打算，不能讓我的逃亡就終止在土耳其，所以是能省則省。但姐姐就沒有這樣的煩惱，而且她也比較沒辦法像我一樣一餐可以吃到那樣多，所以很常在喊肚子餓。這時候我們還是會品嘗一些土耳其的路邊小吃。我最喜歡的是一種叫做Pide的東西，其實就像是長型的披薩。師傅會將麵團做成像船型一樣，邊緣往內折，中間鋪滿材料，上面放上起司，再放進爐灶裡烘烤。分量很多，也因為形狀較長，通常都會被切成三段來品嘗。我最喜歡碎蘑菇的口味，是放滿味道很重很香、被切成丁狀的香菇，再鋪上大量的起司，真的超級好吃，而且聽起來就很飽。

還有一種是我們跟韓國兄弟在棉堡吃到的，很像薄餅的東西。老闆很熟稔的揉麵團，然後鋪在倒反的大鍋上烤，烤完之後會夾入一些乳酪跟碎肉，也可以選擇巧克力或蜂蜜等甜的口味，這個也非常好吃。至於在安塔克亞吃到的沙威瑪，也讓我們念念不忘。它跟台灣的沙威瑪不太一樣，雖然一樣是一大串雞肉切成碎丁，但還會淋上一種很像烤肉醬的特殊淋醬，加上薯條、酸黃瓜一起包在餅皮裡（不是麵包），分量十足。吃的時候要很小心，因為淋醬會邊吃邊噴出來，但那個味道實在很棒。附餐還有一杯土耳其傳統的飲料，有點像不甜還帶點鹹味的優酪乳。我們還加點了薯條，記得快吃完的時候，老闆又再送了我們一小份剛炸好的，那份美好滋味，值得讓人為了它再去一趟安塔克亞。

這裡最標準的路邊美食其實是玉米，有分一整支的玉米，或一杯裝的玉米粒。會撒上鹽巴跟抹點奶油，不稀奇但很美味。我在台灣也有吃過一樣的東西，但相對在土耳其真的很常看到，姐姐就很愛吃。還有一種外面粘滿芝麻的麵包，後來才知道它是甜甜圈，香香的很有彈性，也很經典。還有一定要嘗試的是土耳其的甜點，完全就是挑戰甜的極限。幾乎所有的甜點，不論是像千層酥的餅還是油炸過的一顆顆小麵團，都會淋上滿滿的糖漿。也因為太甜，很容易就膩了，所以只能買一點點來嘗鮮，但撇去甜漿的外表，它們其實都有很豐富的內涵。台灣人家喻戶曉的土耳其冰淇淋，也很容易在大城市看到。不過大城市的小販會比較不老實，記得有一次在路途上遇到一個台灣人，他想買一支來嘗嘗看，我們很明確的表示只要買一隻，小販卻在表演的過程中做出了三支，堅持我們要付錢，印象就變得很差。

除了路邊小吃外，我們還會去吃一種有點像台灣自助餐廳一樣的食堂，店家會把料理一盤盤地展示出來，只要把想吃的指給老闆，老闆就會裝盤給你。這是比較不危險的點菜方式。土耳其的燉菜非常豐富，一般青菜都是用燉的方式料理，最常見的是一種燉豆子，就像番茄炒蛋一樣是基本盤。還有很多肉類主菜，大部分都是做成烤肉串，再撒上一種紅色的調味料，我覺得應該是紅椒粉。當我們都非常非常想吃米飯的時候，就會點他們的一種奶油飯，這種飯通常都不便宜，會加入松子一起炒，分量也只有一點點，無法當成主食，因為只是一種配菜。

不管是旅館提供的晚餐，還是參加旅行團所附的餐點，其實我們嘗試了很多經典菜。雖然沒有什麼機會去餐廳品嘗高級料理，但庶民美食一直最得我們歡心。而且說實話，我覺得當中最最好吃的，還是我們台灣的泡麵！即使長達兩個月，要習慣一個國家的飲食還是不容易。記得到最後幾天，我們回到了伊斯坦堡，要把最後珍藏的幾包泡麵拿出來享用時，真的好捨不得。姐姐還在廚房發現了雞蛋，我們把雞蛋放進肉燥麵一起煮，竟然發現全世界最美味的東西！就是這個！想不到有這樣的一天，身為律師和老師的我們，還會因為泡麵加雞蛋而深受感動。

這就是出外遊子的心情吧！

04

最自由的回教國家

土耳其神奇地保存下了許多過去不同宗教歷史的痕跡，讓它們變得更深奧、更有故事……

身為穆斯林國家，土耳其卻是有著很多基督教遺跡的地方，這裡很多著名的景點，都和基督教有很大的關係。

最初來到伊斯坦堡的時候，就去探訪了著名的聖索非亞博物館（Ayasofya）。它其實是君士坦丁大帝開始興建的教堂，卻在淪陷後被蘇丹穆罕默德二世改為清真寺。這樣複雜的身世讓它定位不明，但幸好土耳其的第一位總統凱末爾把它保存了下來，並作為博物館供大家參觀。一個回教國家，卻將基督教的文化保存了下來，這真的要歸功於這位開放的土耳其總統。其實回教是禁止崇拜偶像的，但在土耳其卻很容易在室內牆上看到凱末爾像，那是他們對於這位前總統的尊敬與崇拜。因為他的關係，讓土耳其可以採取開放式的回教制度，沒有像其他回教國家一樣保守，依舊可以與歐洲世界往來，和平地處身在歐洲與回教世界的交界處。

除了伊斯坦堡的聖索非亞博物館，土耳其各處還有很多傳奇的基督教遺跡。像是在以佛所的聖母瑪利亞的家，是不是聖母瑪利亞最後的住所其實還是個謎，但很多虔誠的信徒都會特地造訪這裡。還傳說屋外階梯所湧出的聖水可以治病。還有安塔克亞的聖彼得洞穴教堂，聽說是世界上的第一座教堂。從外觀來看，修建得像是一座建築，但裡頭就只是一個山洞而已。據說是受到迫害的基督教徒逃到這裡所修建的，內部錯綜複雜，而從外部可以發現很多像窗口的洞，證明裡面的利用空間其實很大。我就發現了一個小洞可以往上爬，詢問主動和我們聊天的警衛才知道，裡面的小路因為太複雜了，所以一直都是禁止進入，後來更因為地震的關係，很多通道都坍塌了，現在已經完全不能進入。真的很可惜，好想嘗試一下神祕內部的探險。

還記得這位警衛人超好的，不太會說英語卻一直想跟我們聊天，他說這個地方真的太少有亞洲女生會來。下山的時候，外面圍著一群很像不良少年的人，讓我們有點擔心。後來他走出來，不知道對那些不良少年們說了什麼，就把他們趕走了。

曾經發生過的宗教衝突，還是在這個國家劃出很深的痕跡，體現在很多著名的景點，世界遺產卡帕多奇亞就是其中之一。這裡的德林庫尤（Derinkuyu）遺址，據導遊說是四百年前為躲避驅趕的基督教徒所建造的地下城市。真的不得不佩服人類的智慧，可以在地下挖掘建造一個城市，就像是另一個世界一樣。八到九層的深度，可以容納接近兩萬人生活在這裡，不論進到哪個空間，都不會感覺到悶熱，甚至有點冷，一直覺得有風從哪裡吹過來。當然這不是陰風颼颼，是建造者當初設計好的，每個通風口都可以通往每一個樓層。裡面有學校、教堂、大會議廳，甚至還有飼養牲畜的地方，導遊還指向一個地點，說是處理遺體的地方。地下城市是一個很完整的生活圈，生活機能非常健全，最讓我驚奇的是，很多很長的通道都只容得下一個人通過，他們究竟如何指揮交通，避免發生阻塞的問題呢？若不是因為這麼長時間的宗教衝突，很難形成這樣獨特的人文遺跡，想起來就讓我震撼。

在特拉布宗（Trabzon）的蘇美拉修道院（Sumela Monastery），也是被伊斯蘭勢力迫害的基督教徒們所建立的。我剛見到這個隱身於斷崖絕壁上的修道院時，人還在半山腰努力爬著。遠遠望見在山崖上的修道院，四周被樹林圍繞，煙霧裊裊，真的像是在仙境裡一樣。據說對土耳其人來說，這間拜占庭寺院也是個如夢境般的存在。建造在山壁的修道院，工程非常險峻，卻不馬虎。外圍是宿舍和一間間的小修道房，要進到最後才看得到教堂，還有餐廳等公共設施。但我們只能參觀外圍的建築，內部就無法再更深入了。教堂看起來像房屋，但進到裡面就可以發現是洞穴所開鑿，牆壁上滿是了彩繪，到現在看起來都還很鮮豔，非常漂亮。可惜的是，重點的部分都被破壞了，還有很多人為的塗鴉跟簽名，看了很心痛。據說以前是沒有警衛管理的，因為保存較晚的關係，才會被破壞。下山的時候，沿途有許多山林的美景，還有湍急溪流的聲音，突然覺得，縱使因為被迫害而逃亡到這裡隱居，但能在這樣像仙境一般的地方修道，好像也是一件幸福的事。

這樣的宗教與民族衝突一直綿延到近代。在費提耶（Fethiye）的卡亞寇育（Kayakoyu），過去是希臘正教教徒的居住地，因為土耳其獨立戰爭後，與希臘進行居民交換，人去樓空，把整個村落保留了下來。來到這裡其實是有點運氣，旅遊書上並沒有把這裡交代得很清楚，沒想到等著我們的是一大片遺跡。這片希臘村落像一個大莊園一樣，圍繞在山上，雖然房屋都已經殘破，幾乎都沒有屋頂，但數量之多可以想見當時繁榮的光景。教堂內還留有壁畫，也可以看到一些儲藏庫等等生活痕跡。將整片村落逛完已接近黃昏，廢城的孤寂感更顯強烈，縱使不是幾千幾百年前的古蹟，卻能更清晰地感受這裡複雜歷史的變遷。

這些基督教與回教間的交錯，讓土耳其更顯與眾不同。也因為開放的回教氛圍，讓更多其他不同宗教與國籍的旅客，有機會能探訪，並更深入了解。

每個初到土耳其的人，最先感到新奇的，應該是清真寺每天五次的廣播與聲音放送，這個儀式也常常提醒著我：土耳其終究是個回教國家。在固定時間，也就是回教徒每日五次的膜拜時間，這裡的清真寺都會對外放送一個很像空襲警報的聲音，有些還會加上廣播，提醒大家趕快到清真寺裡膜拜。這個時候的土耳其人，都會停下手邊的工作，沒有進入清真寺的人，也會在家裡固定的位置，完成他們虔誠的儀式。

但回教也有很複雜的支派，記憶深刻的就是伊斯蘭神祕教派的一支梅夫拉維教派的旋轉舞。我不是在此教派的發祥地康雅（Konya）看到旋轉舞的，而是在布爾薩，是 Hamet 大叔帶我們去的。

本來我們以為要去看的是一個表演，到了之後才知道，原來是真的教徒在集會所裡做的正式儀式。旋轉舞的舞者，從約五、六歲的小朋友到大人都有，全部都是男性。每個人都頂著高帽，穿著一樣的服裝，據說他們頭頂的帽子代表墓石，舞衣代表著墓穴，由此可見這是一個極度莊嚴的儀式。每個人都是一樣姿態，右手腕朝上，左手腕朝下，不停的旋轉。這個旋轉不僅是本身不停的旋轉，還會全體緩慢的朝一定方向移轉，等於是自轉加公轉的狀態，而身體的姿勢是完全維持不動，感覺非常的累。我可以看到舞者微閉著雙眼，斗大的汗珠一直不斷地冒出來。再加上儀式的音樂，一種無法形容完全不帶情感的奏樂。其實整個過程看下來，心也是蠻累的。

在儀式中我更驚訝於另一個發現，就是男女分坐。大部分在旁邊觀看的信徒，都是男性，他們盤踞整間房屋，只有在最後面的一個小角落裡，才能發現圍著一群觀看的女信徒。她們就像傳統的回教女性一樣，全身用黑布包覆起來，安靜的坐在最後面。

其實土耳其已經不像其他回教國家一樣，男女地位相差如此懸殊，至少女性們保有一定的自由。回教女子可以選擇穿戴頭巾，也可以選擇不穿。我就曾經在參加科寇瓦島的觀光船之旅時，同時看到穿比基尼的土耳其年輕女孩，還有穿著全身包覆緊緊的回教特製泳衣的婦女。這種泳衣是一整身從頭到腳的褲裝設計，有些會露出整張臉，有些只露出眼睛的部分。雖然稱作泳衣，但除了材質不像是普通衣服外，其實並不像一般泳衣一樣設計的彈力貼合，而是非常的寬鬆。我想是因為要避免顯露身材曲線的緣故。但即使這樣，回教規範還是深深影響著土耳其大眾平日的生活，男女還是有

05

天啊！我被搭訕了

女生在這裡確實是比較容易得到幫助，也比較沒有威脅力的可以親近當地人，尤其是吸引到小朋友……

因為回教國家戒律嚴明，所以土耳其的男性對國外來的女性有很大的好奇心，也保有極高的興趣。坦白說，位於歐亞交界的土耳其人是長得很好看的。有極深的輪廓，超長的飛天睫毛，而且身材普遍都適中。我們電視上常常看到的混血帥哥美女，這裡幾乎滿街都是。所以真的很難相信，長相普通的亞洲女性，究竟為什麼會在土耳其受歡迎，例如我，這真的是一個天大的謎團。

在伊斯坦堡這樣的大城市比較感受不到，雖然偶爾會聽到土耳其人說妳漂亮，但就像在買東西時，店家很常問美女你要什麼一樣，可能就是一種客套。但進入其他觀光客較少的城鎮後，我仍舊常常感受到男性異常的「親切」。大部分是在我們買票或吃東西時搭訕一下，比較糟糕的就是走在路上會莫名其妙的被撞，但那明明是人很少、路很大的地方。

真正交流比較深入的，是在布爾薩一間我和姐姐很常光顧的紅茶店，有對年輕兄弟很常在那邊出沒。哥哥比較矮，弟弟比較高，兩兄弟很不像，後來才知道他們竟然也是雙胞胎。哥哥非常喜歡跳舞，因此常常待在紅茶店裡，但弟弟才會說英語，所以一直都是弟弟用英語幫忙翻譯。因為同樣是雙胞胎，很快就聊開了。他們非常的友好，也可以察覺出想跟我們親近的意思。在一次一起看完旋轉舞之後，他們邀約我們一起去喝酒，當時還有另一個美國女孩，想想五個人氣氛也蠻好的就答應了。但五個人當中，一個不會說英語，三個說的很差，加上一個英語是母語的人，其實是很難溝通的，尤其我們剛出國還放不太開，在熱熱鬧鬧的酒吧裡，顯得格格不入。很快的我們就想離開了，兩兄弟馬上積極地邀請我們去他們家玩。去陌生男人家完全就超過了我們的底限，就算到現在都覺得他們應該是個好人，但當時還是覺得很不安全，畢竟是不同文化背景的人，很容易發生什麼無法掌控的誤會。所以我們馬上就拒絕了，感覺到他們臉上露出明顯的失望。

直到要離開布爾薩，回到紅茶店跟彈奏樂器的大叔們說再見時，才又碰到弟弟。我們在屋外聊了一會，等到我們要離開紅茶店時，有個土耳其大叔一直推著弟弟，暗示他跟我們一起走，才感覺出他有點捨不得。他默默的陪著我們走到旅館的門口，才說了再見。這是我們跟土耳其年輕男子的第一次接觸。

後來在安塔克亞的時候（怎麼安塔克亞的故事這麼多），為了要去蓋姆利克（Gevlik）小鎮，所以跑到了薩曼達厄（Samandagi）港口準備搭船，但到了港口後才發現我們跑錯了，應該要在市中心裡搭車才對。餓到不行的我們只好在港邊的餐廳吃飯，餐廳服務生完全不會說英文，眼看他向外跑去，找來一位滿臉笑容的年輕男子。這位爽朗的大男孩很熱心的幫服務生為我們點餐，還和一旁的男性一起請我們吃多力多滋。原來他們是負責多力多滋送貨的兄弟。其實多力多滋是哥哥的事業，負責翻譯的弟弟排行老三，還在讀大學，所以會點英文。還有一個大概才小學五年級的小弟弟坐在貨車上，等著他們。我們詢問著如何去蓋姆利克小鎮，在紙上畫了半天，但他們畫的地圖我真的看不懂，最後他們提議要帶我們一起去，因為他們也剛好要去那裡送貨。我們約好兩個小時後在市中心碰面，沒想到他們並沒有出現。我們只好摸摸鼻子自己去找車，目的地其實是小鎮裡的一個古代防洪系統遺跡，感覺像在山裡面，並不好找。在找路的過程中，經過一輛大貨車，發現貨車旁蹲著一個小朋友，不就是剛剛多力多滋兄弟的小弟弟嗎？往貨車裡看去，搬貨的兩兄弟也發現我們了，說等了好久。這才知道原來我們沒有聽懂他們說的內容，他們是要跟我們約在蓋姆利克小鎮會合，再當導遊帶我們去防洪古蹟探險。幸好我們最終還是碰見了他們。

防洪系統遺跡除了水利工程外，還遺留下許多古代的房屋。比較清楚的哥哥用土耳其文講解，弟弟再用英文翻譯。一路上聊了很多，在一座據說是國王的陵墓裡，哥哥還獻唱土耳其歌，歌聲真的非常棒。後來大家也逼我唱了一首，簡直像在開演唱會一樣。中途哥哥因為要去把工作完成而短暫離開。我們跟弟弟一起坐在樹下聊天，他邀請我們去家裡吃飯，說他媽媽一定會很歡迎，會做很多土耳其菜給我們品嘗。但很遺憾，我們隔天就要離開安塔克亞了。聽到這個消息，他非常的難過，指著我說：「I Like You。」我其實嚇了一跳。後來哥哥回來，也突然開始超露骨的告白。他要弟弟幫忙翻譯，說他很喜歡我，希望能到台灣找我，看著弟弟表情奇怪的翻譯，真的不知道該怎麼回答，最後只好慢慢的移動，想要離開遺跡。他們才告訴我們，進來時幫我們買了土耳其人的票價（大概是一半），所以出去時要假裝是兩對夫妻。哥哥一直作勢要牽我，讓我突然覺得反感，就牽起了弟弟的手，可以感覺到他微微的驚喜。送我們搭車前往下個目的地時，弟弟在上車前說了些我沒有聽懂的話，困惑的我在出發後回頭望了一眼，卻對到他眼神中的感傷。

天下沒有不散的宴席。

經過兩兄弟告白事件之後，姐姐終於體會到我在土耳其簡直是魅力無法擋。我想這對她應該是一種打擊，因為在我們三十年的歲月裡，我是首次人氣超越了她。

在阿達納（Adana）要搭車前往格雷梅（Göreme）與大姐會合時，我們在車站等了很久。這時候有個年輕的土耳其弟弟過來要求跟我們合照。他不斷想找話題聊天，還一直稱讚我很漂亮。姐姐終於忍不住問他，是不是長得像我這樣的女生，在土耳其會被認為很漂亮？他直接了當的回說：「very beautiful, very sexy.（非常漂亮，非常性感。）」我都快被他的誇張笑翻了。

雖然很累，但我們還是盡力和善地回應對話。他像是突然想到了什麼，堅持請我們喝瓶可樂，原來他家是在車站旁邊開餐廳的。就在他跑回去拿飲料的時候，我馬上叮嚀姐姐說：「不知道飲料安不安全，等等就我打開來喝，妳不要喝。」離開前，他要求再跟我們合照一張。我們都把雙手擺身前，跟他保持了一點距離，說這是 Taiwan style。他詢問能不能跟我單獨合照一張是 Turkey style 的，想要攬我的腰。我雖然很排斥，覺得真的是個死小孩，但就是不會討厭他。後來他又衝去買了兩根

物而感到後悔。就像我一直很遺憾在柬埔寨旅行時，沒有注意到某面刻有疑似恐龍圖案的古牆。姐姐畫畫的習慣也刺激了我，她在重要的定點都會停留比較長的時間，畫好草稿，晚上回到旅館之後，再將畫作仔細地完成。我一開始沒有想過要留下什麼，但配合姐姐作畫的時間，也養成了我每天寫日記的習慣。我開始謹慎地把每天得到的收據、門票、旅館名片，小心地保存下來，並把每天的行程、走過的路、遇見的朋友、發生的特別事，都詳實地記載在日記裡面。

從來沒有想過我能這樣，從開始堅持到最後，但我們真的各自都完成了件很了不起的事，不管是日記還是作畫。畢竟大部分的我們，都是經過一整天的苦戰之後，才拖著疲累的身體回到旅館。要在那樣疲憊的狀態下，還堅持拿出畫本或日記，真的是一件很需要毅力的事，但在彼此的鼓勵下，我們都做到了。有時看到二姐畫的東西，是我所沒有注意到的，還可以馬上重新回想一次。就是這樣，第一次在一段旅程中，學習好好的感受，學會記錄每一個片刻。每日的沉澱，加深了旅行的意義，留下了滿滿的紀錄、深深的感動。如果說我現在還能記起什麼，分享給什麼人，都是因為擁有的這本珍貴的回憶。

我想要感謝我的最佳拍檔。

旅行三寶：旅遊書、指南針和路人。

土耳其一成不變的早餐。

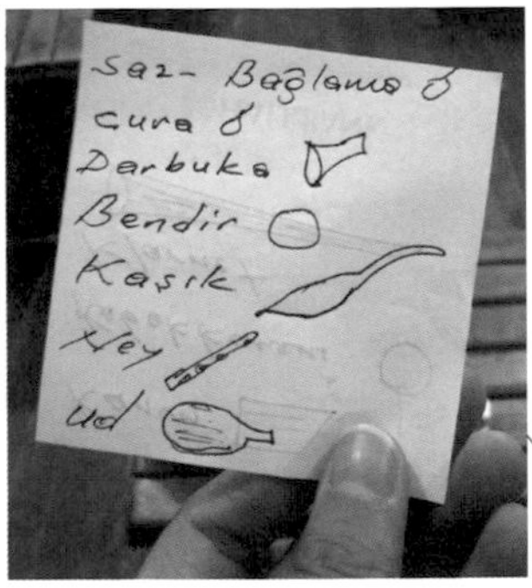

紅茶室表演的爺爺們與他們畫的樂器介紹。

跟韓國兄弟一起逛棉堡。

內姆魯特山是世界文化遺產之一。

土耳其人最愛喝的紅茶。

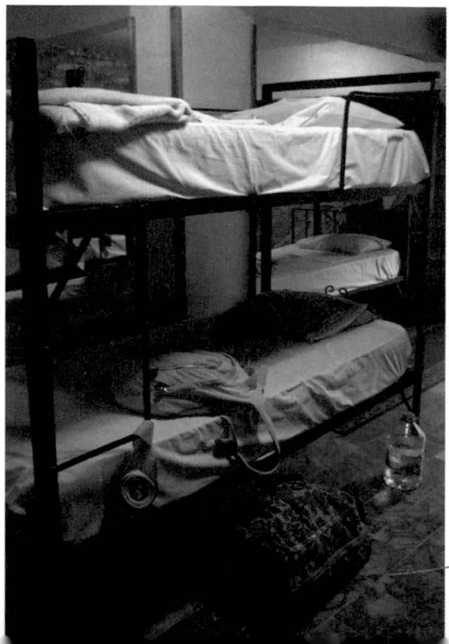

我們大多住在背包客棧，昂貴的高級旅館反而是種負擔。

第一次吃到白桑葚，還和姐姐各買了一大包。

優雅華麗的藍色清真寺，真正名稱是蘇丹艾哈邁德清真寺（Sultanahmet Camii），歷史悠久，是土耳其十分重要的建築之一。

聖索非亞大教堂內有名的壁畫。

博物館門票。

古希臘大城以佛所。

馬賽克壁畫博物館。

正在製作Pide，以及我最喜歡的碎蘑菇口味。

正在製作很像薄餅的老婦人。

超好吃的沙威瑪。

路邊賣玉米的小販。

土耳其四處可看見在販賣各色香料。

壯觀的蘇萊曼清真寺
（Süleymaniye Camii）。

進清真寺要包上頭巾。

洞穴教堂，其
內部地道已經
封閉。

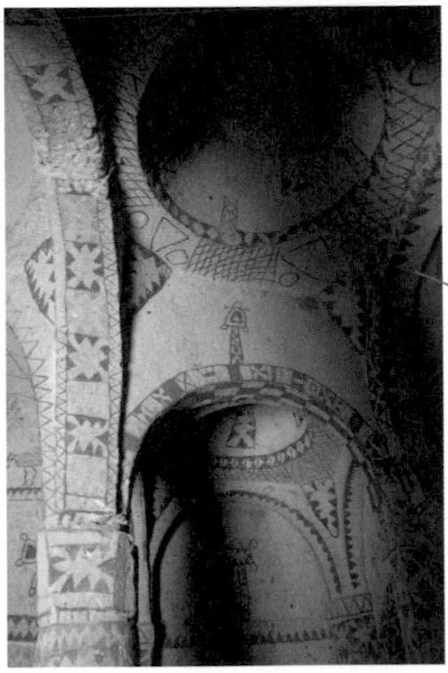

格雷梅露天博物館的
石灰岩穴壁畫。

不斷公轉自轉的旋
轉舞。

蘇美拉修道院的內部。

位於絕壁上的蘇美拉修道院。

小朋友分給我們的糖果。

凡城的貓明星。

在車站請我們喝可樂、吃玉米的大男生。

跟我告白的兄弟黨。

托卡比皇宮外圍及內部。

費提耶的卡亞寇肯村，希臘正教居民早已人去樓空。

卡敘古墓。

12 座島嶼遊艇行程。

格雷梅著名的石灰岩地形。

裡面一格一格都是過去的住家。

黑海地區的美麗風景。

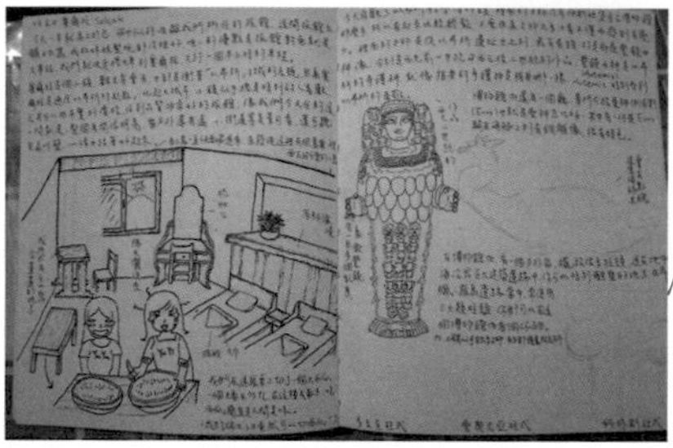

正在認真畫草稿的姐姐及其畫作。

販售番紅花的小攤子。

我也養成了寫日記的習慣。

搭乘熱氣球。

天上掉下來的長假

— 美國 —

AMERICA

01

聖誕節對美國人的意義

我從沒有想過會載一棵樹回家，也是第一次在家裡擺設了一棵樹……

在菲律賓認真應付雅思考試的某一天，遠方朋友捎來訊息，問我要不要去美國。Apple 是我在大學時的好朋友，工作幾年後就到美國念書了。知道我想在國外生活一陣子的計畫，就問我有沒有興趣到她那裡度過冬天。她住在美國五大湖區的密西根州底特律近郊，那裡的冬天簡直就是冰天雪地，是位處副熱帶的台灣人無法想像的。至於十二月則是美國很重要的月份，即將要歡度聖誕節還有新年，Apple 大力邀請我一定要趁這個時候去看看，度過一次白色的聖誕節，感受真正美國節慶的氣氛。所以我的逃亡就多了這一段。

短暫地回到台灣辦理美國簽證後，邁向一趟距離最遙遠的旅程。密西根在美國中部，不管從亞洲或從太平洋飛，都將飛越一半的地球。十五個小時的旅程，讓我第一次因為長時間在密閉空間而感到恐慌，但也是第一次看到白天黑夜的交界而覺得驚奇。

在飛機上為了排遣無聊，我才真正開始靜下心思考，究竟這趟美國冬季之旅的目的是什麼？我為什麼需要這趟旅程？三個月的觀光簽證期間其實不能做什麼，也很難完成什麼，不追求結果的旅行是我預想之外的，那會不會浪費了這三個月的時間？這樣的疑問在做決定前不想，出發時沒考慮，為什麼就偏偏在飛機上糾結呢？吃著空姐給我的泡麵，外加人生中第一顆在飛機上拿到的蘋果，想破了頭也找不到答案。曾經看過一部日劇，是木村拓哉在最帥氣的年紀時所主演的《長假》，他在戲裡說過一段話令人印象深刻：「這麼想吧！當你不論多努力，事情都沒轉機，就當做是很長很長的假期。人生不需要總是盡全力衝刺，人總有不順利或是疲倦的時候。在這時候，我就把它當成是上天賜給我們的長假，不必勉強衝刺，不必緊張，不必努力加油。一切順其自然，然後一切就會好轉。」

我沒有疲倦或不順，但我總是在全力衝刺。好吧，那這一次，就當作是給自己放一段長假吧。

二〇一一年十二月，在到達美國的第二天就下起了初雪，像是在歡迎我的到來。一大早 Apple 就把我喚醒，看著窗外白茫茫一片，我穿著睡衣就衝出去，對於一個生在副熱帶國家的人，能夠迎著雪就像是身在夢境一樣。這段期間住在 Apple 的姐姐 Nell 家裡，是很親切的一家人，因為我不喝咖啡，他們還貼心的為我準備熱可可。

十二月的美國，處處都洋溢著準備過節的氣氛，不僅大賣場、購物中心到處貼著聖誕老人，家家戶戶也都很用心在裝飾自己的房子。像是台灣過年會掛春聯一樣，美國的聖誕節大家都會在屋簷上懸掛燈泡，屋前的草地也會放上聖誕老人、雪人或是麋鹿的燈飾。看過美國電影的話一定都有印象，那種屋子裡外掛滿燈泡的熱鬧場景，沒錯！那就是美國的冬天。這樣的節慶氣氛會從聖誕節延續到新年，一般的公司行號大約會放半個月到一個月的假，讓大家都能放心的在家裡團聚，一起度過這雪白寒冷卻心暖暖的假期。

我在 Nell 家的長假，就從裝飾聖誕樹開始。不來美國還不知道，原來聖誕樹是真的一棵樹，我是指活生生的一棵樹！某天，Nell 告訴我她跟台灣朋友 Jason 一家約好了要去買聖誕樹，還特地開了家裡最大一輛車，我才知道，是要去把整棵聖誕樹載回來。有聖誕樹的賣場，是個很像特力屋的地方，他們會將後面一大塊地規畫成聖誕樹區，從大棵到小棵整齊地排列，你可以在理想的樹木高度裡，挑選一棵你覺得最漂亮的樹。我不清楚有沒有分樹種，因為就我看來每棵都長得差不多，但就跟印象中的聖誕樹一樣，樹頂尖尖的，葉子也尖尖的。Jason 家為了他們可愛的一歲女兒抱回了一棵聖誕樹，我們也選了一棵。賣場人員仔細的為我們包綑好後，把樹放進車裡。我從沒有想過會載一棵樹回家，也是第一次在家裡擺設了一棵樹。不用像小時候裝假的聖誕樹時，還要一片一片拍掉灰塵，插上枝葉，如今我們只要把它架好支架，並且在底部放進一些水，它就會是整個假期中最溫暖的存在。聽說可以維持三個月的壽命，就像美麗的插花一樣，短暫卻燦爛。

Nell 又帶我們到販售聖誕裝飾品的賣場去開眼界，那裡真的好大，一整間全部都是聖誕節的裝飾品。有不同顏色、多種材質，還有各式各樣的造型。不要覺得這樣的商店太大費周章，店裡幾乎人山人海，全家人一起興奮地挑選，熱鬧的程度絕對不輸過年期間的迪化街。我從來沒有想過，這種裝飾品在美國人的心中，竟然占有很重要的地位。他們購買裝飾品非常慎重，也會精挑細選作為送親友的新年禮物。店家還提供免費服務，幫你在小飾品上寫上名字，或是祝福的話，讓這些小東西不只是裝飾，更帶有特殊意義。我就選了有六個聖誕雪人排列在一起的飾品，寫上全家人的名字，至今都還保存著。Jason 家在布置聖誕樹時，什麼燈泡、裝飾品都沒有，只有一個小吊飾，上面寫著他們可愛女兒的名字。讓人覺得很溫馨！那是父母對女兒的祝福。

在美國的聖誕假期就此拉開了序幕。跟著 Nell、Apple 一起裝飾聖誕樹，一起準備聖誕大餐。看到 Nell 家的冰箱陸陸續續貼上祝福卡片，我漸漸發現自己好喜歡美國的冬天。就像是台灣的新年卡跟日本的賀年狀一樣，美國也有寄送賀年卡片的文化，一般是在聖誕節和新年之前，而且不同於台灣人喜歡挑選各式各樣的卡片，大部分美國人都是用自己過去一年裡具有紀念性的照片精心設計而成，多數是小朋友的成長照，或是跟聖誕老人一起拍的全家福（我不知道為什麼這種跟假聖誕老人的合照會如此受歡迎），然後會在背面寫著今年發生了什麼特別的事，可能是工作升遷，或是搬了新家，甚至是孩子參與了什麼樣的表演等等，接著洋洋灑灑地寫滿近況及祝福。可能是因為美國真的很大，彼此間的距離很遙遠，要像台灣一樣在新年期間裡互相拜訪非常的不容易，而在外地工作的人，一年內也很難得跟親友們見上一面，所以才會選在每年的這個重要的季節裡，慎重地互道平安。

看著冰箱上的賀年卡，在網路便利的時代裡，實體信件別具意義，一張張精心設計的卡片所帶來的祝福，相較於外面雪白寒冷的天氣，顯得無比溫暖。

02

住在美國的非美國人

要如何在一個不是自己的國家裡長久定居下來，要如何對另一個國家產生認同感，甚至要如何讓這個國家的人認同你？

在這樣溫馨的假期裡，我也跟著Nell和Apple四處參與了大大小小的朋友聚會。Nell的老公Chi是來自中國的華僑，雖然從小在美國長大，但中文說得比我還標準。非常親切又可愛的他，一開始還假裝不會說中文，把我嚇得半死。在底特律近郊的住戶，多半是在同一間規模很大的汽車公司上班，Chi有一群很好的朋友，也都是同事或上司，在各自娶妻生子後，這個朋友圈越來越壯大，就像一個大家族一樣，每次的聚會都十分熱鬧。

Apple常常帶著我一起加入Chi的聚會，我發現這個朋友圈有一個很大的特色，就是幾乎沒有純粹的白人家庭。有一對日本與中國的夫妻搭檔、一個印度家庭，還有一個美國白人的老婆是墨西哥人，另一個美國白人的老婆是馬來西亞人的狀況。雖然來自不同國家，但幾乎都已經是移民第二代，說著流利的英語，自在的生活在這裡，在他們身上幾乎已經不存在是不是美國人的懷疑。這樣的外國移民，似乎也會更自然的聚集在一起，並且帶來出更豐富、活潑的活力，就像不同文化特色的料理會常常出現在同個餐桌。

在台灣時，我常常會呼朋引伴去哪裡遊玩，或是單純地喝杯下午茶、看場電影，很少會想過要在家辦活動。但在美國的這些日子，我最期待也最有興趣的，就是幾乎週週進行的朋友聚會。密西根州其實是比較鄉下的地方，不像紐約那樣繁華的大城市有便利的公共交通，在這裡只能依靠汽車代步。但就算有車，到最近的超市也需要花費二十幾分鐘，如果要到更熱鬧的購物商場，或是吃頓正式的晚餐，大概都需要將近一個小時。因為能夠活動的景點距離都很遠，所以家家戶戶都很流行開派對的，也許不是全美國人，但至少我待的這裡，是非常好客也樂於分享的一家人。我們會在週末，甚至只是平常日的晚上，就想起了點子辦起了活動，為了誰或誰的生日舉辦已經不稀奇，常常只是今天想做一道平常很少做的料理，或是跑了一趟中國超市補了貨，就會來場火鍋趴。

Chi 來自中國北方，很擅長做麵食，有次他說要揉麵，一場牛肉麵趴就開始了。從一開始的和麵、揉麵到出筋，都是大廚 Chi 一個人完成，我們能幫的只有拉麵條而已。在他的指揮下，大家分工協力將切好分量的麵團拉成一條條手工麵條，再放進熱水裡煮，最後搭配 Nell 準備好的牛肉湯，真的是難以忘懷的好味道。Chi 有個拿手菜是涼皮子，那是將麵團放進水裡洗，把麵粉洗出來後，再將洗好的水拿去蒸，燙出一片片的涼皮子，很像涼粉皮，但更 Q 更有嚼勁，拌上小黃瓜、胡蘿蔔和醬料，真的是超好吃的涼拌麵。沉澱下來的粉體也沒有浪費，可以做出麵筋，再拌上醬油、辣椒，配著涼皮子一起吃，超級夠味。每次都供不應求，但這樣搶食的歡樂氣氛，我覺得才是東西好吃的真正關鍵。

這些派對中，最基本的班底就屬 Jason 一家了。他們是一起來美國留學的台灣夫妻，畢業後順利在密西根找到工作，還有個一歲多的可愛女兒 Elie，非常討人喜歡。因為跟我們住的地方比較近，所以最常舉辦的就是這兩家一起的聚會活動。還記得聖誕節的時候，我們一起吃了火鍋，圍著聖誕樹拆禮物；跨年時一起穿著同牌不同色的帽T，對著電視轉播裡的時代廣場一起倒數。不需要早早敲定朋友的通告，也無須預約網路上大家推薦的知名餐廳。一頓料理，一通電話，這裡的派對平凡又簡單，沒有華麗包裝，也沒有鋪張浪費，卻有更多的美味與用心，還有分享的心意。

有些經典聚會更是不容錯過，譬如美國的超級盃派對。超級盃是美式足球的冠軍賽，一般會在每年一月最後一個或二月第一個星期天舉行，那天稱為超級盃星期天（Super Bowl Sunday）。每到這天，全美國人幾乎都會熱起來，在家裡開起超級盃派對，親朋好友全部聚在一起，圍著電視收看精彩比賽，不僅如此，在超級盃開場前和中場休息的時候，還會有很多流行歌手和音樂人進行演出，因此不管是賽況還是表演的藝人，都很讓人期待。這已經變成像是美國的某種節慶一樣，是個每年要固定團聚的日子，Chi 和朋友們當然也不例外，不管來自哪個國家，都融入了這裡，一樣喜歡超級盃。我也有幸受邀參加了一次最道地美國味的派對，一進門就被要求先下注，當然是賭哪一隊會贏球。而賭金的算法、得分位置跟分數差距等等，這些關於下注的方式，我到最後都沒能搞清楚，但大家也就是熱鬧好玩而已。吃不完的速食跟披薩，以及一定要有的啤酒跟可樂，有人站著也有人坐著，還有小孩在到處跑著，超級盃派對就在小朋友跟大人們的歡鬧聲中，瘋狂了一個晚上才結束。

大大小小的聚會，串起我對美國的認識。不同於電影上白人的英雄主義，我接觸到的是更多不同文化的交融。相較於台灣外來移民還是比較少見的情況下，美國這樣豐富的民族大熔爐，對我來說非常的新鮮。我從來沒有認真想過「移民」這件事，要如何在一個不是自己的國家裡長久定居下來，要如何對另一個國家產生認同感，甚至要如何讓這個國家的人認同你？要在自己的所認知以外的世界，重新開闢一個全新的生活空間，對過去的我來說，真的是不可思議且困難的事情。記得李昌鈺博士曾經說明「為什麼會選擇到國外念書」，他說這是「要在小池裡當一條大魚，還是在大池裡當一條小魚」的選擇，而最後他選擇在大池裡當一條小魚。我已經不記得他是怎麼解釋這段話的，但現在我可以下自己的註解，也許是唯有在更大的世界待過，你才能知道自己能成長到什麼程度。也許在小池裡你認為自己是大魚，但只有到了海洋，你才有可能成為大鯨魚。

有多少人懷著夢想來到美國這個遼闊的國度，也許膚色不一樣，也許英文有特殊腔調，但除了這些，世界各地的人才匯聚在此互相競爭發展，廣闊的市場提供有能力的人來挑戰。在美國的非美國人，沒有用國籍來局限自己，沒有讓寂寞使自己膽怯，得到的是全新生活方式的選擇權。也許我是來到這裡、接觸了這些人，才真的理解在國外生活的意義，不是旅遊，不是走馬看花，是真正的在外地過日子，學習重新設定自己的價值。唯有如此才有機會跳出過去的思維，重新挑戰自己。

而我也終於了解到，這樣的獨自奮鬥也不會可怕，因為你會得到重新建構的人際關係，甚至你可能會發現，那樣其實更單純更開心。

03

學習獨處的時光

美國鄉下休息得很早，但不是馬上關燈睡覺，而是很早就回到各自的空間，擁有個人時間做自己想做的事。

必須要承認在密西根的這幾個月，是我人生最荒廢的一段時光。

我是一個沒有辦法靜下來的人，行為跟腦袋都是。曾經跟高中同學一起到新加坡玩，她坐在沙灘上靜靜的欣賞夕陽，我瘋狂拍照後也學著坐在她旁邊，好奇她在想什麼。她說沒有想什麼，就是靜靜的坐著發呆。我好驚訝真的可以沒想事情嗎？怎麼可能完全放空呢？我這輩子沒有腦袋放空過，以為大家的發呆都一樣，只是想一些沒有道理的事情而已。因此，在美國的這段期間，從一開始決定給自己放這一場假後，我就想試試什麼叫做放空自己，決定不要再有任何努力，沒有辛苦，不要再為了達成什麼目的而活。沒想到要這樣活著也很不容易，花了好長一段時間才讓自己的身心都承認，我也可以這樣漫無目的的過日子，在這裡。

每天大約早上十點才起床，通常起床後就可以聞到樓下煎好的培根傳來的香味。記憶中在二樓的客房裡，只有簡單的書桌跟大衣櫃，床墊又高又厚，每天躺在床上睜開眼時，映入眼簾的是一間透亮又簡單的房間，就像是夢中最理想的臥房一樣。我自己的房間總是跟我的心靈一樣複雜，充斥著捨不得丟掉的舊東西與新玩具，我可以把房間整理得乾淨，卻做不到斷捨離。當可以在夢想中的房間裡生活，才第一次真正覺得心裡的負擔減少了，這就是為什麼住飯店總是跟住家裡的心情不同，而度假又是為什麼沒有人會在家裡過的道理。

每天早晨我都可以嘗到 Apple 為大家做的早餐，最常有的菜色就是煎培根，不像台灣美而美的培根土司裡只有一片培根的小氣，美國人吃培根可是豪氣萬千。在超市買的培根也不是扮家家酒的幾片一小包（日本還有賣三片裝的），是幾公斤幾公斤一大塊在賣的！我想到美國影集《實習醫生》（Grey's Anatomy）中的一個片段，主角之一的一位醫師，在一次醫院發生的槍擊事故中中槍，他對著為他急救的醫生說：「如果早知道我的生命會在這裡結束，我過去就應該每天瘋狂吃培根。」這就是美國人對培根的又愛又恨。Apple 會為每個人煎好幾片培根，並煮上一鍋玉米濃湯，湯裡還會滴幾滴煎培根留下來的豬油，增添了更多香氣。餐廳的落地窗可以看到外面的雪景，配上餐後的香濃巧克力，我總是在這樣的美味與美景中度過早晨。

美國的外食並不容易，除了車程很遠外，消費也非常高。一般都是在自己的家裡開伙，尤其我們吃的都是中式料理，自己做才能做出最適合的口味。但一天三餐全在自己家裡煮，其實非常耗費時間精力。印象中，我們每天最重要的任務就是準備三餐。家裡有三個女人，而我是唯一不會做飯，只能擔綱小助手的人，全家人的三餐幾乎都是由 Nell 跟 Apple 大廚負責規畫。通常每三天要花上一天的時間去採購，每星期又可能會跑去更遠的中國超市補充中式食材。常常都覺得已經買超多東西回家了，卻馬上又在三天內把青菜跟肉吃光。就這樣，買菜跟煮飯變成每天最大的任務，覺得有點辛苦也不辛苦，如果人可以重新回到只需要填飽自己肚子的生活，好像也是種單純又幸福的事。

我是個非常喜歡吃甜食的人，但想在美國吃到台灣點心真的太困難，只好開始嘗試自己做，誰叫在這段日子，我是個只要填飽肚子就好的人呢！我嘗試了綠豆仁西米露、花生湯、薑汁地瓜湯，還自己搓了花生湯圓，從一開始要加十次糖才成功，到後來終於知道分量的拿捏，這段日子我也悄悄的變身成甜食大廚了。不僅如此，規律的三餐，也讓我明白吃對生活的重要。當小助手的工作，讓我開始對料理有了感覺，養成了自己動手做的觀念後，不再會為了節省時間而草率結束任何重要的一餐。

不過在煮飯以外的時間，尤其夜晚的時分，我常常會無所事事。不像台北夜生活燦爛，美國鄉下休息得很早，但不是馬上關燈睡覺，而是很早就回到各自的空間，擁有個人時間做自己想做的事。這跟我在台灣的生活習慣很不同。我們家總是會聚集在客廳，從早吵鬧到晚上，等到真的要睡覺時，才會各自回去自己的房間。大概也跟這樣的家庭環境有關，我很少會自己一個人，愛熱鬧，做什麼事都喜歡呼朋引伴。但在美國卻突然多了很多自己的時間，那時我並沒有智慧型手機，房間也沒有電視，而世界卻一下子變得安靜、不受干擾，漸漸的我養成了讀書的習慣。

Nell家的地下室，有一面牆的藏書。最棒的是，都是中文的書籍，我看了好幾本，當中最有印象的是高行健的《一個人的聖經》。這本書採用第一人稱，故事背景設定在超越我能想像的文革環境，作者以自傳性的方式，記憶起一個歷史的創痛，書寫了在那樣時代下的人們怎樣的喘息。文中用了很多的「我」，寫自己的命運，自己的信念，還有最終生存下來的，又是怎樣的自己。是一本很有深度的書，深到我無法用自己的文筆來解釋內容，但它給我的衝擊卻又無比深刻。回頭審視自己，我用了很多時間在認識別人，與別人為伍，但我又是怎樣的一個人？在我所經歷的過往，雕琢出一個怎樣的我，我有沒有堅持住自己呢？讀到感動處，我還會一字一句大聲地朗讀出來，書中有很多語句的用法，文字的深度，都是現在許多書所讀不到，也是我所寫不出來的，但不影響我的感動，也不影響我可以盡情放縱的情緒。

我還是在這樣無所事事的一段爽快人生中，學習了獨處，享受了一個人的陶醉。

04

原來聽懂英文這麼簡單

語言是交流的工具，你要先聽懂才能回應。……自然學習法所帶給我的影響，遠勝過在菲律賓花費半年所得到的成果。

在菲律賓的時候，我總是像個鴨子一樣呱拉呱拉說個不停，那是一種在韓國人群中對自己英文發音的自信。但到了美國之後，我又沉默得彷彿本來就是個安靜的小姑娘。

我想英文不太好的人應該都能了解，要在大家面前說英文真的需要提起很大的勇氣，如果是在英文是母語的人面前，不管對方多麼親切，自信心更是很容易就瞬間瓦解，這就是我在美國的困境。千里迢迢地來到這裡，本以為四周都是學英文的媒介，卻反而對英文產生退卻。而以度假為宗旨的我，又不願意像在菲律賓時那樣，自主拿起書本自習，就這樣一度要浪費掉好不容易可以加強英文的機會。

後來Apple建議我到美國社區大學的英文班去上課。那是為了因應廣大的移民族群所開設的語言班，有分級、班數也很多，更重要的是幾乎是免費的，只要負擔少少的像手續費一樣的費用，也不設限你是不是美國公民，就像我只是個觀光客，也可以跟大家一起上課。這是一個大國的仁慈，即便你是非法居留的外來移民，也能夠放心的去上學，不必擔心會被逮捕。對美國社會來說，要讓沒有身分的移民隱身在社會的暗處，其所帶來的社會成本遠勝於提供這些基本教育，國家寧願提供他們接受教育的機會，也不願讓他們因為無力受教而成為社會的亂源。

英文班裡有不同族群的人，最多是移民過來的墨西哥人，還有一位來拜訪親戚的土耳其人，以及跟我最要好的一位丈夫被外派到美國的日本太太。我又重新回到一個有各式腔調的英語學習環境。小小的教室，隨著時間拉長，同學就越來越多，到後來每次上課都需要去外面搬椅子。但課程卻一點都不馬虎，每週的兩堂課，兩位老師會準備不一樣的教材，不管是讀報紙或是課堂討論，都有充分的時間可以盡情聊天，還有美國老師幫忙糾正發音，每堂課都得到很多收穫。最重要的是，這樣的社區大學幾乎沒有回家作業，也不會因為缺席了一堂課就跟不上進度，因為同學大多都是家庭主婦，所以是用一種不帶負擔的教育方式讓大家練習英文。這樣的環境，完全符合我度假式的學習態度。

此外，我還花費了很多時間在看電視，從來沒想到看電視影集能為我帶來如此大的成功。我本來就是電視兒童，但自從踏入法律圈後，就跟電視漸行漸遠。來到美國之後，Apple 跟我如遇知音，她非常喜歡看美國影集，而我也是（還記得我跟我姐在土耳其的瘋狂影集之旅吧）！我們可以從吃完早餐之後，不對，正確是從吃早餐開始，就會瘋狂看影集，除了中場休息煮飯、吃飯外，我們幾乎能一整天從早上看到晚上。

當時最沉迷的是《實習醫生》。因為人物的講話速度非常快，故事內容也有很多專業術語，坦白說，我一開始其實聽不太懂，但人就是這麼神奇的生物，不要擔心做不到，只是習慣的問題而已，聽力也是。起初，我只能依靠字幕，甚至連看字幕也很困難，因為全部都是大寫，而且由於字數太長，常常電視畫面的一半都被字幕占滿，也還是很難跟上角色講話的速度。但時間一久，就突然看得懂全部大寫的字幕，而且就算跟不上，也能聽得進英文。能不能把英文聽進去真的很重要，如果對語感不熟悉，只會在語句裡尋找片段知道的單字。但聽英文不能只聽單字，如果嘗試一次大量的聽英文，一段時間後，你會發現你聽到的是一個整體的段落，你不會去猜測每個單字，可能全部的單字都不清楚意思，但神奇的是你卻能大概了解整體段落想要表達的內容。這就是一種語感。

我跟著《實習醫生》學著英文，看到的都是「腫瘤」或「手術」之類的單字，但卻把耳朵打開了。不再需要確認每個單字的意思，就可以大致猜測出對方說話的內容，這對我來說真的是出乎意料的收穫。過去學習英文，我一直被聽力困住，一直以為自己單字背得太少，所以沒辦法把內容聽懂，到了現在才知道，原來能不能把英文聽進去才是最關鍵的問題。對於英文，台灣的教育太依賴閱讀與文法的學習，雖然那是最便利的教學方法，卻造成學生對語言學習的錯誤認知，所以過去雖然不斷有老師企圖倡導更新的教學方式，我卻不能理解也很難改變，很難相信光用聽的也能把英文學會。但現在如果你要我把經驗告訴別人，我最推薦的就是去看英文字幕的美國影集，最好是劇情能夠吸引你一直不斷看下去的內容，如果能夠讓自己沉迷於美國影集中，並且因為太好看了而有強烈想看懂的欲望，那你就成功一半了。唯有把英文聽進去，才是真正學好英文，不管你背再多單字，閱讀再多英文報紙，那些都不能使用。語言是交流的工具，你要先聽懂才能回應。

看影集不是只有加強聽力能力而已，很多美國人真正日常在用的對話，也能從影集中學到。不需要特地去背，看影集學英文最大的好處就是不用去背文章，也不用邊看邊抱著英文字典，就是不斷看不斷看，時間會讓你漸漸習慣那樣反覆的對話。在現實生活中也會很容易出現，你會發現雖然聽不懂對方說什麼，但你知道怎麼回答，因為這樣的對話已經存在腦海裡，只是反射出來而已。

這樣說明我的英語學習方法真的非常抽象，我以前聽別人說也都不願意相信，但在這一段度假生活裡，放任自己做想做的事，看想看的電影，不經意的實驗後，就發生了這樣神奇的事情，我在不知不覺地中加強了英文能力。甚至可以說，在美國這三個月的自然學習法所帶給我的影響，遠勝過在菲律賓花費半年所得到的成果。如果說菲律賓的遊學讓我可以開口說英語，那美國的影集訓練才是讓我開口說出「真正的」英語。

如果你還是無法相信我說的話，那請先嘗試一次看看吧！

05

在滑雪場挑戰自我

我已經不會沮喪了，大方承認不是滑雪的料，認清自己的失敗後，接下來的每次進步就都是成功。

在密西根的冬天，最重要的活動就是去滑雪。Chi、Nell還有Apple都非常會滑雪，家裡有好幾塊雪板，每個人的配備都很齊全。剛入冬的時候，所有人都在等滑雪的好天氣，不是只要一下雪就可以滑，一定要等到溫度低得剛剛好，雪下下來保持鬆鬆軟軟的，且能夠維持一定的厚度時，才是最適合滑雪的天氣。如果溫度不夠低，雪一下來馬上就融化的話，是不適合滑雪的。

我在密西根的那一年屬於暖冬，雖然有下雪但都沒有很厚的積雪，容易變成冰，但我們還是抓緊了機會，一看到下起鬆鬆的雪，就馬上整裝出發。滑雪所消耗的體能很多，會使身體大量出汗。在外面很冷，身體卻很熱的狀況下，要身著保暖的雪衣抵抗外面的寒風，又要保持透氣，方便身體排汗。就這樣一層一層的排汗衣，再加上外層的三件式雪衣，洋蔥式的穿法方便穿脫，但我覺得自己的裝扮就像是要登陸月球的太空人。接著把雪板架上車頂後，我們就可以出發了。

雪場距離很遠，一般是在山上，車程中我們要一直祈禱雪不要停。還有很特別的是，我兩次滑雪都是在晚上，這才發現原來在晚上滑雪非常普遍，雪場的燈光打的極強，就像在白天一樣光亮，甚至更美。

像我這種沒有經驗的，一開始要先到幼幼班的小坡去練習。為什麼叫幼幼班呢？因為我幾乎是跟一群幼稚園的小朋友在一起滑。Chi 是我的個人教練，從雪板的穿脫、起身站立到滑動，一步步教我，雪板跟雪橇不太一樣，雪板分為「面向前滑」跟「背對著滑」兩種，大腿跟腳趾施力的點會不一樣。一開始要選擇一種滑行方法，最後要兩種都學會，才能自在的交替移動。一開始 Chi 先教我背對著滑，那是女生普遍比較能接受的滑行方法，但我始終找不到使力點，連站都站不起來，試了好幾次都跌倒後，我嘗試換成面向前滑，竟然站起來了。其實我雖然沒有運動天分，和一般女生比起來還是略有蠻力。學習過程中，Chi 不斷指點我該注意哪些安全，有時講得太過詳盡，最了解我的 Apple 還忍不住大聲激動地對 Chi 說：「對於這樣一個這麼怕死的人，不用講這麼多！」沒有錯，我雖有蠻力卻非常怕死。大家都覺得怎麼連站起來都要折騰那麼久，但滑板真的很難控制，幾乎是一起身就會開始移動，而我的膽子很小，一感覺要向下衝時就會很害怕，直覺就想往前安全的撲倒。

就這樣我在幼幼班小坡練習了好久，不要說向下滑，連要拉著繩上坡我都覺得速度很快很恐怖。但其實坡度大概就是台灣人很愛滑草的那種斜度跟高度而已，偏偏我就是屢滑屢摔，摔得非常優美輕盈，摔得完全由自己掌握時機，摔到最後我徹底唾棄我自己。看著大家在困難好幾百倍的高坡上來回奔馳，真的覺得好沮喪，也對這麼害怕又膽小的自己失望。到最後我幾乎是沒有力氣且喪氣地坐在滑道上。突然，遠方有三位穿著顯著紅色雪衣，滑著大型雪橇的人朝我的方向快速衝來。我嚇了一跳，以為要被搭訕，近距離才看到他們身上都有白色的十字架，原來是雪場方面維護安全的人員。技術很高超的兩男一女靠近我，詢問是不是有哪裡受傷，我緊張的跟他們說：「沒事。我的身體沒有受傷。」接著又補上了一句：「但我的心受傷了。」還比了胸口一下。有兩人大笑著離開，最後一個人走的時候無法止住笑意的對我說，因為他是滑雪橇的，對於雪板也不是很清楚，但曾經有朋友告訴他一些訣竅，講完還示範了幾個標準動作，要我再試試。我對自己的回答真的很哭笑不得，但更感動陌生人的加油。

第二次去雪場，我終於成功滑動了，不僅是在幼幼班小坡，我還挑戰了正式的滑雪道。就像在電視上看到的一樣，要先搭纜車到最頂端，再從最高處滑下來。那個纜車真的很恐怖！纜車到達後會直接轉向回頭，一定要在轉向前跳下車。腳還連著雪板，不僅要跳車還要向前滑行一段距離，才不至於會被後面來的座椅撞到。這真的很難，我深呼吸幾次都沒用。每次跳車時都會滑倒，更別提還要向前滑動，好幾次 Apple 拉了我一起跳，還是都摔了大跤。但我已經不會沮喪了，大方承認不是滑雪的料，認清自己的失敗後，接下來的每次進步就都是成功。就這樣慢慢的，離地面最小距離的方式，慎重地在雪道上滑行，幾次成功地左右變換方向，還不忘讓 Apple 錄下我的英姿，很滿足這樣弱弱的自己。

清楚自己的弱點不是一種認輸，至少保有那份讓自己開心的樂天。

06

如果人生只剩下購物

購物也是度假生活中很重要的一件事。雖然身懷偉大的夢想，但我也是個願意花錢的普通人，尤其來到美國這樣的購物天堂。

我很不想承認，但在美國很大一部分時間，我都是在出門購物，畢竟購物也是度假生活中很重要的一件事。雖然身懷偉大的夢想，但我也是個願意花錢的普通人，尤其來到美國這樣的購物天堂。雪地裡的密西根，很難找到觀光景點，卻非常容易一下車就看到購物中心。而我在美國的這段時間，正是最火熱的年末打折季，不僅是聖誕節會推出限量套組，還有好多的贈品跟折價券在對你招手。

這就要說到美國特有的折價券消費模式。在這裡生活，一定要知道的就是折價卷，它會被塞在信箱中或是夾在報紙裡，收到時千萬不要丟掉。我常常看到 Nell 邊吃早餐邊剪折價卷，並且在每次到某間賣場逛街時，精準的使用它們。在台灣不太流行這種折價券，那是因為特價的東西都不夠實用，或是折扣很少。但在美國不一樣，折扣的都是一些熱銷的生活必需品，優惠下來的金額也往往都很驚人。

美國的賣場都很大，基本上你可以在一間賣場裡買到所有想要的東西，所以如果能夠用一件商品吸引顧客來購物，顧客就有可能會帶走整車的戰利品。而且因為不管去哪裡都要花上將近四十多分鐘才可以到達，所以囤貨在美國人的生活裡也是很平常的事情。你不可能想要煮某道菜時就能輕易地在家門口的雜貨店買到食材，巷口更沒有香味四溢的小麵攤等你光顧。所以家家戶戶都會有一面牆的雜貨櫃，每次購物都會像是在掃年貨大街。

在美國也有很棒的打折賣場，稱作 discount shop，專門販售過季的商品，從包包、服飾、鞋子，應有盡有，主打的都是名牌商品，但因為過季的關係，價錢都可以壓到很低。有時看到中意的外套，如果第一時間忍得下來的話，通常一個月後就可以買到對折再對折的優惠價格。在這樣的賣場裡淘寶，是我在密西根最大的樂趣。不要看到它稱作 shop，都是超級大的商店，可以花上一整天仔細地翻找挑選。美國的賣場也不會採緊迫盯人的態勢，可以隨自己的心意選擇、試穿。到後來我簡直挖寶挖上了癮，覺得這件毛衣適合爸爸，那個包包適合媽媽，馬上就會大連線詢問他們的需求。對於我這個貧窮的背包客來說，是個能夠滿足購物慾望的好去處。

對台灣人而言，最熟悉的撿便宜地點還是 outlet。美國的 outlet 是一整片的購物廣場，裡面有一間間像倉庫的店面，可以在每間店裡找到很充足的品項跟貨源。Apple 曾經告訴我，其實 outlet 不全是過季商品，因為購買的人太多，過季庫存貨卻沒有那麼多，所以店家會特別製作專門在 outlet 上架的商品，並且因應打折後的低價標示，將製作品質較低的商品放在 outlet 販售。所以 Apple 提醒我在 outlet 買東西時，要特別睜大眼睛，不要選擇在實體店面沒見過的東西。我總覺得 outlet 就像是一場騙局，是利用人們貪小便宜的心態，所發展出來的一種銷售管道，也因此漸漸的不喜歡去outlet，反而 discount shop 才真正深得我心。

然而在美國購物最棒的事，就是他們有很完善的退貨機制。買來的商品如果沒有使用過的話，只要不是超過太久的時間，商店都會接受退換貨。這對總是衝動購物的我來說是一大福音。不僅如此，商店的購物資訊也很齊全，何時有折扣、何時要進行清倉拍賣、何時要出限量新款，都會提前透過郵件通知。當然還有一定要記得下載的折價券。我跟 Nell 就曾在平安夜當天，拿著折價卷跟兌換卷，幾乎沒有什麼花費就買到了全家人的聖誕禮物。我也是這樣花上了三個月，在四處淘寶、比價、剪折價卷、換贈品的小小滿足裡，度過這段最有氣氛的美國佳節。

07 五十歲的服務生

年齡終究不僅僅是個數字。但更重要的，是要為這個數字設下什麼定義……

如果要我認真說出最喜歡美國的地方，不是雪地、不是購物，而是人的朝氣。而且這種活力朝氣沒有年齡界限，到哪裡都感受得到。

在上英文班的時候，上課的老師是一位已經退休的高中老師。她是位典型的美國大媽，胖胖的身材、洪亮的嗓音、熱情又誇張的說話方式，在在告訴你，就算退休了，我也依舊活力十足。當時住在密西根的，還有一位已經嫁到美國好幾年的大學學姐 Taiying，她除了有個超可愛的混血小帥哥兒子外，肚子裡還有個小娃兒。她常常開著一個多小時的車來到 Nell 家，跟我們一起玩樂。有次，Taiying 邀請我去他們家度假，可以陪陪她，順便跟她兒子玩。那是我第一次進到真正的美國家庭中。

Taiying 和老公、兒子，還有她老公的外公住在一起。年紀很大的外公，體貼大肚子的 Taiying，總是自己料理自己的生活，包括三餐。他每天早上烤著自己喜歡的薯餅，自在地看著電視，不被我們的吵雜聲打擾，也沒有打算加入，精神奕奕的循著自己的步調生活著。

Taiying 家每週都有一次家庭聚餐，我也有幸地參加了。看到 Taiying 的婆婆穿著一襲護士裝，才知道她還在醫院工作。在台灣，根本很難看到有超過五十歲的護理師在第一線工作。這讓我想起，在菲律賓的語言學校時，曾經遇到一位來留學的台灣護理師，她也工作很長一段時間了，正在準備雅思考試，想到澳洲念書，將來也希望留在澳洲發展。據她說，台灣的工作環境根本不適合具有一定資歷的護理師。當然護理師會有管理職位，但畢竟是少數，一般的護理師儘管做到退休，都可能還得在第一線奔走。只是第一線的工作內容其實不適合已經上了年紀的護理師，所以當體力無法負荷的時候，只好選擇離開。但這樣的運作模式是非常可惜的，因為護理師是需要經驗的職業，卻在資歷最深、知識最豐富的時候，必須要放棄並離開工作崗位。所以她毅然決然要到澳洲念書，因為澳洲的制度尊重這樣的專業，讓已經沒有體力在第一線奔走的護理師，還能晉身到二線做支援，甚至是輔助與指導，繼續發揮專業。

在許多台灣人的觀念裡，似乎有種刻板印象認為，護理師就是小護士，一般就是年輕女性的工作，到了五十歲之後如果無法繼續工作也是很自然的事，而沒有考慮到還有可以發揮專業知識的地方，更忽視他們願意繼續工作的自由意志。這是台灣普遍對職業、年齡所存在的一種偏見。

雖然不可否認美國存在種族歧視，但年齡的偏見卻顯得輕微。你可以在購物中心的流行服飾櫃台，遇見超過五十歲的櫃台服務人員，他們臉上就算已經有無法遮掩的皺紋，還是能散發出時髦有型的氛圍。有次在一家美式餐廳用餐的時候，穿著短裙制服，露出小蠻腰的工作人員來幫忙點餐，也是一位年紀五十多歲的女性，她臉上洋溢著笑容，不時隨著店裡的音樂搖擺身體，你只會受到她的歡樂氣息所感染，沒有一絲與這份工作格格不入的疑慮。

相較之下，在台灣，卻很難在這樣的場合遇見這樣的服務人員，就算是便利商店，也是以年輕工作人員居多，究竟是老闆對員工的年齡設下了限制，還是自己給自己設下了界限呢？我們常常會猶疑在幾歲就應該要有幾歲的樣子，但扣在每個人的頭上「年紀」的這個大帽子，究竟是該由誰來下定義？如果說實際上確實存在著幾歲該有幾歲的模樣，那為何會有古今與中外不同的差別？我們致力於開發醫美，不願意讓歲月在外表留下痕級，創造出美魔女這樣的名詞，決心抗老奮戰到底。卻忘記皺紋從來都不是刻劃在臉上，而是在心底。我已經三十歲了，不行不結婚。我已經四十歲了，不可以沒有房子。我已經五十歲了，沒辦法再創造事業第二春。這些在心中浮現的，是我們自己先制約了自己。

我也很清楚，年齡終究不僅僅是個數字。但更重要的，是要為這個數字設下什麼定義。這個數字該做什麼、該擁有什麼模樣？在這個數字時做什麼還來不來得及、是否沒有太遲？已經這個數字了還能不能、有什麼還可以？這些問題都應該是自己做決定的。

這是美國告訴我的事。

商品琳瑯滿目的聖誕裝飾品賣場。

賣場工作人員正在包綑聖誕樹。

工作人員正在為顧客寫上名字或祝福語句。

只要架好聖誕樹的支架，放進一點水即可。

跟賣場的大型聖誕老人模型合照。

寫上我們全家人名字的聖誕雪人小飾品。

熱情的 Nell 和她的老公 Chi。

大家分工合作拉麵條。

超級盃星期天一定要有美食、可樂、啤酒。

超級盃賭盤的下注跟計算方式都很複雜。

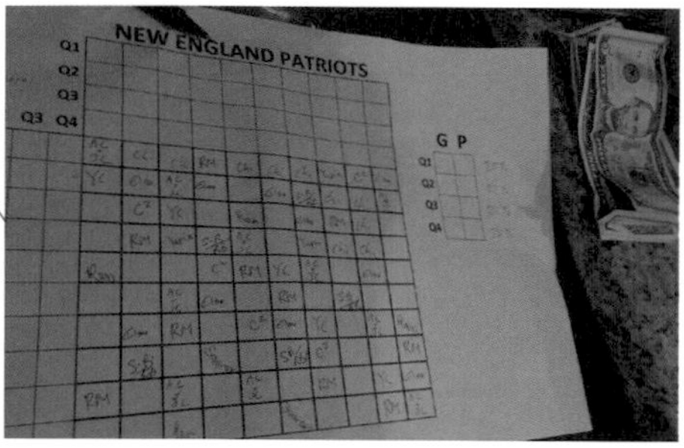

大家聚精會神的看著電視。

平凡又簡單的小聚會，卻最為開心。

密西根小鎮的市區街景，隨處都有聖誕氣氛。

當久了小助手的我，也學會自己動手做。

Nell 和 Apple 是主廚，打理著每天三餐。

尼加拉瓜大瀑布的震撼雪景。

為了讓我見識尼加拉瓜大瀑布，Apple特地帶我來到美加邊境。

覺得自己的滑雪裝扮好像太空人。

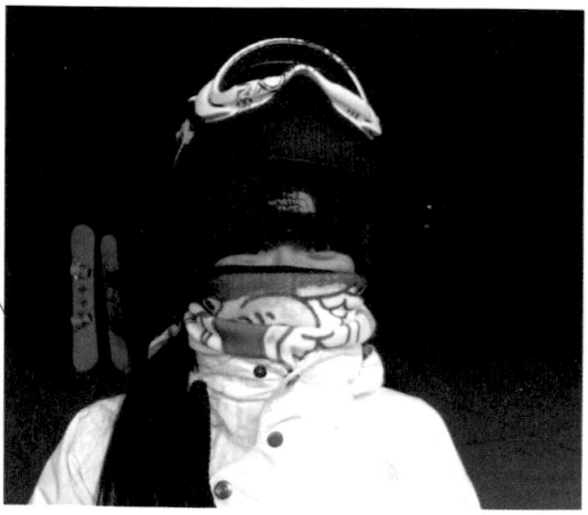

在雪地裡屹立不搖的鳥。

Nell、Apple都非常會滑雪。

Chi是我的滑雪教練。

繼菲律賓的潛水之後，我又再一次挑戰自我——滑雪板。從原先不斷摔倒的沮喪中，我慢慢開始認清自己的弱點，重拾樂觀的天性。

芝加哥的大都會風貌。

哈特廣場（Hart Plaza）的「底特律精神」（The Spirit of Detroit）雕像，是不能不看的景點。

底特律市街的街景。

著名的瑪麗蓮夢露雕像，現在已經見不到了。

美國是甜食天堂。

最道地的美式餐廳。

每道菜餚都有熱量破表的滿足感。

在美國隨處可見購物中心。

聖誕節一到，家家戶戶都會特地帶著小朋友與聖誕老人合照。

既謙卑又驕傲的打工度假

— 澳洲 —

AUSTRALIA

01

新的想法，新的篇章

這是一個新的出發，一切應該要從零開始，再看看自己有多少本事帶多少東西回來。

到菲律賓讀書前，從來沒有想過我也會有打工度假的一天。在過去，打工度假這個念頭離我好遠，我就像許多家庭的家長一樣，不懂為什麼有人不好好的在台灣工作，一定要跑到那麼遠的國家去打工。直到在菲律賓的學校裡，遇到一群從澳洲打工度假結束之後來學英文的人，或是為了出發去澳洲打工而來學英文作準備的人，才改變了想法。

在國外的這段時間，周遭最容易遇到的就是韓國人，而且一般都是大學還沒有畢業的韓國學生。對韓國人而言，到國外留學跟打工度假是很尋常的事，就像是一般大學生必備的生活經歷一樣。一般韓國男生都是在大一或大二的時間休學入伍，因為對他們來說，能在年輕力壯的時候入伍，當兵會比較輕鬆。在他們的觀念裡，晚幾年從大學畢業並不是什麼奇怪的事，因為一畢業就要面對無法中斷的工作，脫身並不容易，只有在大學這最後的時間是可以自己掌握的，可以出去闖蕩。而在他們的國家，擁有國外經歷也是一個重要的加分，他們對於年輕時有能力到外面去冒險給予很大的肯定。相對於台灣都是畢業後，甚至工作一段時間之後再出國的情況，韓國年輕人顯得更有活力更敢衝。但這並不是代表台灣人工作後才出國的心態不對，經過思考後才決定出國，通常都更經得起考驗，也更願意努力。差別只在於那個可以放下一切的決心，韓國年輕人可以不顧一切，可以有無數的選擇機會，台灣人卻容易因為現實條件而放棄，或拒絕改變。

在美國的時候，我學到什麼才是面對自己的正確心態。不願再受年齡的束縛，也不想再被舊觀念綑綁。我試著去了解什麼是打工度假，如果在外地也能有固定的收入，做著自己喜歡或是能夠勝任的工作，不需要依靠任何人而能夠獨立生活，真的與在台灣好好的工作沒有什麼不同，不需要對身懷打工度假夢想的人懷著偏見。這不是對正規生活的逃避，更不是歧途，反而是一種挑戰，是一種願意跳脫舒適圈的勇氣。過去我沒有打工度假的的想法，身邊的人也是，這跟大家的成長背景有很大的關係，我們一起從法律系畢業，通過律師考試，經過實習後當上律師。這樣一條平坦直通的大道，沒有給過我們機會思考是不是能夠停下腳步，或有沒有機會讓人生轉個彎。

決定要去澳洲挑戰打工度假後，我決定把重心放在打工，而非度假。打工度假最初的設定，就是希望年輕人能勇敢出去走走，就算沒有足夠的資本，也可以借由打工賺取自己旅行的花費。我也非常想要能夠邊旅行邊打工，就像我在澳洲遇到的很多人一樣，他們在一個地點不待超過三個月，等到賺取足夠資金後，就會移動到下一個城市，感受不同的生活環境，體驗不一樣的人事物，這是打工度假最美的憧憬。但我的旅途還想繼續前進，不允許我把所有的成本都放在澳洲這裡。所以我設定澳洲是一個工作的地方，一個能夠學習、體驗在外國、以白人為客群來工作的地方。我想挑戰自己有沒有能力不依靠律師身分，就在國外生存下去。在這裡我什麼都不是，甚至稱不上是一般的住民，沒有背景，也沒有公民權利，但我會待在這，在這裡生活，跟大家一起爭取工作機會、做事、領薪水，活下去。同樣的生存模式，但因為是在澳洲，變得新鮮又極具挑戰性。

所以，我就帶著約台幣一萬元出發了。這個數字對很多要到國外的人來說，是非常讓人驚訝的，不要說出國了，連去綠島都很困難。但對我而言，這是一個新的出發，一切應該要從零開始，再看看自己有多少本事帶多少東西回來。

但誠實告訴大家，出發當下的瀟灑態度，現在再回頭看，我只能說千萬不要傻了，你帶一萬元台幣去澳洲，會睡在馬路上的！別說工作有多麼難找，當地的高消費真的很驚人，縱使我直接從美國來到澳洲，還是為澳洲的物價咋舌！但我還是活下來了，靠的是什麼？很抱歉我不能驕傲的說靠的是我的本事，真正原因是我在澳洲有家人。這一定要在開場就說明清楚，千萬不要把愚昧帶出國，在台灣你可以理直氣壯地依靠任何人，理所當然地當媽寶，但在國外不一樣！因為這裡只有你自己！也許馬上就有人發現我似乎沒有立場說這樣的話，請不要就這樣失望，現在開始就要告訴你，我在澳洲的故事。

帶著簡單行囊的我，住進了表妹 Vicky 的家。Vicky 是我很親密的家人，從小我們就玩在一起。

她國中時來到澳洲，從寄宿家庭的小小留學生開始，到成為公民在這裡結婚、生子；她的弟弟妹妹們，就是我其他的表弟、表妹，也都陸續到澳洲一起生活；他們在澳洲的時間比在台灣還長。一住進她家，我就被好大的前後院跟屋內明亮的採光所吸引，還可以獨自睡在一間從來沒有想過的大房間裡。

表妹家的作息十分健康，早上六點前就準備好早餐，晚上八點多就可以看到表妹夫紅著眼睛準備就寢，我從美國又來到另一個沒有夜生活的世界。而對料理充滿興趣的家庭主婦 Vicky，更可以天天端上不同的各國美味料理，做著各式各樣的蛋糕與麵包。我幾乎是從一個度假地點，搬到另一個度假地點般，享受著他們一家人給予我的照顧。

然而，我終究是來打工的，尤其對於錢包裡只有一萬元的我來說，收入格外重要！當時澳洲的打工度假資訊都集中在「背包客棧」上，這原本只是分享旅遊資訊的網站，卻因為在外打工度假的人越來越多，大家都在這裡提問、解答，彼此分享資訊，漸漸變成最容易得到資訊的地方。但這只限於台灣圈，也就是說，在背包客棧上的資訊，不是台灣背包客們已經在工作的地點，就是移民到澳洲的台灣人雇主，才會在網站上刊登徵人訊息。初來乍到，我還沒有自信能用英語跟人對談，所以打算先求有再求好，先找到穩定的打工，再隨著英文的進步，找尋更有意思的工作。

我在大量的資訊中，相中一個旅館的工作。一般旅館的工作就是清掃房間的體力活，就在我跟表妹們分享打算要應徵這份工作時，意外發現那裡原來是小表妹以前打工的地方，老闆也是台灣人。

小表妹跟我說如果讓她引薦，以她跟老闆的交情一定沒有問題。面試當天，一到現場，我就慶幸沒有硬脾氣拒絕表妹的引薦，將近四十個人，卻只有四個名額！老闆一位接著一位，面試得不亦樂乎。輪到我的時候，看了一下名字，推測我應該就是某人的表姐，簡單問了幾個問題，突然看到我是法律系畢業的，他問：「你沒有當律師嗎？」我回答：「有呀！我當了三年的律師了。」他一陣驚呼，大聲說：「你一位律師來我們這裡幹什麼啊？」我笑笑地答：「我要來打工度假呀！」

就這樣，我進入了咖啡廳工作。沒有聽錯，就是咖啡廳！原來老闆最近新開了一家咖啡廳，他沒有安排我進旅館，反而讓我進到咖啡廳裡工作。我就這樣來到了「160 central cafe」，開始了新的生活，開啟了嶄新的一頁。

02 一杯蜂蜜菊花茶的頓悟

我無法加入他們的生活，也不會變成澳洲人，我該是一位背包客，在這裡曾經用力地刻下痕跡的過客。

表妹家距離市區非常遠，但咖啡廳需要準備上班族的早餐，所以我們的上班時間更早，大概每天早上五點就得起床，再趕公車去上班。四十多分鐘的通車時間裡，我都可以立刻睡著，然後在該下車時準時睜開雙眼。我想這是每個通勤族都會有的特異功能。

「160 central cafe」是一間很有台灣風的咖啡廳，怎麼說呢？它呈現了台灣人地盡其利，物盡其用的風格。位在市中心的商業大樓區裡，朝向馬路的一面被設計成便利商店，中間的區域則是咖啡區的工作台，會面向大樓裡的人來人往穿梭的行人，工作台的收銀區是跟便利商店共用。工作台後面則有一間小房間，是我們的廚房，除了出餐的小窗口外，幾乎看不見內部。最後面的區塊就是咖啡廳，有很多座位供客人用餐。非常巧妙地利用店面長型的設計，規畫成不同的利用空間。在澳洲很難看到像這樣便利商店跟咖啡廳結合的複合式商店。重點是，我們還賣泡沫紅茶，除了咖啡機之外，工作台還擺上了一台泡沫紅茶搖搖機，是不是非常的台灣味！

廚房裡共有三個人，兩位負責做潛艇堡跟三明治，一位負責備料，例如切生菜跟煮粉圓。外面便利商店則配置一位店經理，咖啡區的工作台還有一位負責煮咖啡的人，總共約五個人在運作這間店面。上班的第一天，工作的氣氛非常糟，大家幾乎都不說話，一直拚命的在做自己的工作。這跟有位負責廚房工作的前輩個性不太討喜有關。因為覺得自己是前輩，總是話中帶刺，犯了錯也會直接罵人。店裡除了她喜歡囉唆外，其他人幾乎都不說話。負責便利商店的店經理是位年輕的香港人，也是唯一的男性，非必要他也幾乎不會進到廚房裡來。我對這樣的工作氣氛十分意外，想像中的打工環境，不是都像麥當勞那樣大家相處融洽、充滿朝氣的嗎？在這裡工作的人清一色都是打工度假的背包客，卻死氣沉沉，我覺得很失望，也懷疑起打工度假的生活，是不是跟我想的有點不一樣？

我其實是很期待打工的。跟上班不同，打工是很單純的勞力活，不需要擔心成敗，更不用去計較得失。每天很開心的把排定好的份內工作做好，跟同事們一起完成工作，下了班再一起去吃吃喝喝，回家之後也沒有所謂工作上的煩惱，更不用戰戰兢兢地擔心每天可能的突發狀況。這是我對打工的想像。如果不貪求薪水高低，打工其實更符合人性，更能配合生活節奏，我也比較喜歡這樣的工作型態。

一開始，我在咖啡廳裡負責做「roll」，就是潛艇堡，將長長的棍狀麵包切開，塞進生菜跟牛肉或火腿的料理。這是澳洲人的主食，再冷的冬天，他們也都吃這種潛艇堡。另外一個負責做三明治的人是Penny，年紀很小的她，大學一畢業就來到澳洲，現在已經是打工度假第二年的「老包」了（我們稱打工度假已經有一定經驗的人為老包）。還有一位在後面負責備料的Elsa，她已經從澳洲的研究所畢業，順利取得永久居留權，因為跟老闆的老婆有親戚關係，所以來幫忙。也由於她的英文已經非常流利，所以時常還要支援外面收銀的工作。就這樣我們三人組成一個堅強的金三角，在愛罵人的前輩離職之後，廚房開始有了新的氣象。

說實在的，我不是一個個性很好的人，但在交際上卻有超級好的運氣。本來以為死氣沉沉的廚房，打從我加入之後，還沒讀懂店裡的氣氛之前，這裡的規矩就被我硬生生地打破。我不會安安靜靜的工作，對每件事充滿好奇，手一邊忙著包潛艇堡，嘴巴也從來沒有停過。從一開始接手切生菜的工作，我就把它視為一個非常重要的挑戰。

在廚房，每天第一件事，就是切十顆美生菜，要切得又細又快，因為潛艇堡跟三明治都需要靠它撐場面，如果切得不漂亮，作品自然也不美；如果切得太慢，那當天的進度可能就會被拖延。雖然只是一個簡單的切生菜，我卻覺得那是我人生裡一個很重要的里程碑。感謝超級擅長料理的媽媽，讓我在到澳洲之前從來沒有洗手做羹湯，所以第一天的切生菜，就讓我一整晚手痠得睡不著覺。但我還是很努力地切，研究生菜要怎麼細得扎實，才能有效的讓每一刀穩穩切下。越切我越有心得，越有心得我說話就越大聲，最後甚至發起切生菜大賽！

每位菜鳥到廚房的第一份任務就是切生菜，也就是說，每個人都有過拚命切菜的那一段時光。

所以廚房金三角都是切菜高手。我們比賽看誰切得又快又細，當然，切過的人都知道，唯有切得快才能切得細。Penny 是最能配合我心智成熟度的人，在每次 Elsa 懶得理我時，她竟然都能呼應我的餿主意。當然她可不是可愛的小女孩，身高比我們都高，率直又十足男孩子氣的她，最喜歡的事情就是對我比出超長中指，或是翻白眼把我的得意擊倒。在我大聲宣布我能切出全世界最細生菜的時候，她馬上就跟我宣戰，我們兩個在那邊拚命切，甚至拿出賭下十隻手指的決心切，沒想到最後的勝利者是 Elsa。她真的可以切的超級超級細的，我這輩子沒有看過那麼細的美生菜。

我跟 Penny 負責的三明治跟潛艇堡，可說是店裡最重要的收入來源。每天在規定的時間前，我們都要拚命完成進度，才來得及在中午前把作品全部交出。但在這短暫而忙碌的準備時間裡，我們還是可以邊忙邊吐槽對方，有一次 Penny 還激動到對我撒胡椒粉攻擊。但不要以為我們不認真工作，我們是全西澳最認真工作的人。

我無法安於常規，不懂潛艇堡外面包裝的保鮮膜，為什麼可以在最後收尾時把潛艇堡最漂亮的夾層給遮住，那我那麼認真地鋪上番茄片，把起司像牙齒一樣整齊排列，還把醃橄欖可愛的點綴在上面的用心，還有什麼意義？於是我發明了另一種包裝的方法，把潛艇堡反方向包裝，讓保鮮膜最後在底部收尾，更重要的是，我抓住保鮮膜有彈性的特點，巧妙運用它的張力，讓包裝後的潛艇堡展現出漂亮、有層次的內餡，保鮮膜也像真空機包的一樣的緊實。這些小小地方的改良，讓我得到充足的成就感。

不僅如此，從廚房僅有的小窗戶裡，觀察外面花花綠綠的世界也是一大樂趣。我們把每位常客取上綽號，將客人的帥氣度排名，每次看到心儀的客人來買餐點，還真的會小鹿亂撞。還記得負責咖啡的 Angela 最喜歡一位天天來買紅茶的客人，他在同棟大樓上班，每天中午都會來買一杯不加糖的熱紅茶，他總是笑容滿面，瞬間擄獲大家的少女心。還有一位「肯德基爺爺」，他跟肯德基爺爺有一樣的身材跟大鬍子，每天都會固定時間來買中餐——酪梨加上花生醬的烤土司，Penny 怕他等，都會準時在他中午休息時間前，提早做好等他。而 Elsa 每天都會為一位叫安德魯的人保留一份咖哩蛋潛艇堡。至於我，雖然沒有什麼客人粉絲，但我是唯一被客人搭訕，還要過電話的喔！因此我自詡為本餐廳的顏值擔當，但只會得到大家的白眼說你只是吉祥物而已吧。

這些點滴，讓咖啡廳打工變得十分有樂趣，每天下午兩點後就下班，也讓生活變得非常輕鬆愜意。因為住的比較遠，澳洲晚上的治安又不好，我常常在天黑之前就回到了家裡，看著電視，跟表妹一家吃飯聊天，過著一天天安穩又平靜的生活。但總覺得好像少了點什麼，跟想像的不一樣，我想要的挑戰辛苦與刺激，好像都沒有出現在澳洲的生活中。在表妹一家保護的大傘下，我幸運的馬上就擁有一份穩定的工作，但生活中有三分之二的時間可說是在無所事事中度過。

有次跟著表妹們一起上餐館吃飯，點了幾道中式料理，表妹問我要不要喝蜂蜜菊花茶，就是台灣商店常見的十元鋁箔包飲料，我說不需要。看著表妹喝著要價近一百元的蜂蜜菊花茶，我突然頓悟了，發現了我們之間的不同。我不想喝那杯菊花茶，甚至在台灣我都沒有想過要去喝，但對於表妹而言，那是種想念，想念故鄉的一種味道。然而我才離開台灣不久，不想吃鹹酥雞，也不想喝蜂蜜菊花茶，更想要的，是親手努力打拚賺來辛苦錢，想要這些錢花在更值得的地方。我不想用它來喝下午茶，不想逛街玩樂，想要真正踏實的在這裡努力地生活著，為了自己親手掙來的錢而高興，為自己能省下一毛錢而開心。

表妹是我很親的家人，但我們畢竟不同。他們在這裡生活了很久，習慣了這裡，就像我習慣了台灣一樣，不會為買一杯星巴克而猶豫。我無法加入他們的生活，也不會變成澳洲人，我該是一位背包客，在這裡曾經用力地刻下痕跡的過客。我想把自己擺在低處，過得辛勞而節約，想用最少的資源看見更多的世界。也許跟很多人的打工度假定義不同，身邊也更多是把賺來的錢全部花光享樂的朋友，但我想遵循我對這段旅行的定義，想活得謙卑卻更驕傲。

所以我就從表妹家搬出來了，在來到澳洲的第三個月。過去幾個月因為工作時數短，再加上一起生活的關係，享受了好品質的生活也讓我幾乎沒有儲蓄，我想重新出發。

在網上找到了一間靠近市中心的「199 share house」，超過十三個人住在一間屋子裡，裡頭有兩間四人房，一間三人房，跟一間雙人房，用很便宜的房租就可以住下來。在澳洲的薪水是每週領的，聽說跟澳洲人會迅速把錢花光的生活習慣有關，所以這間 share house 的房租也是按週繳。可以在一週內馬上住進來，也可以在一週後馬上搬離，人來人往的變成 share house 裡一個很正常的生活型態，背包客也常常因為哪裡有工作而一直的移動。

我搬進了一間四人房，分到下鋪的一張床，擁有衣櫃裡的一個夾層、長形矮桌的一角、一個抽屜。收拾完簡單的行李，抱著因為Penny搬家而給我的一整箱不清楚保存期限的調味料，我不禁笑了出來。感覺自己就像是灰姑娘，從表妹家明亮的大床被趕到了閣樓一樣。在那正值冬天的夜晚，share house的熱水器竟然壞了，經過那快要凍死人的冷水洗禮，我才明白，想笑不是覺得日子變得寒酸，而是心裡準備好要迎接挑戰，我想自己終於成為一位真正的背包客了！

03 如何進化成為一個老包

一個台灣來的小律師，連刷馬桶的面試都沒有通過，我想這也是一個很難得的人生經驗吧……

住進「199 share house」是我在澳洲生活很重要的轉捩點，在這裡我才真正開始學習到要怎麼樣成為一位背包客。搬進這間靠近市區的 share house 後，我就開始很努力的找第二份工作。就像所有的背包客一樣，大家身上都會背著第二份，甚至第三份打工。

澳洲的打工度假，規定一份工作不能做超過六個月，因為他們不希望你一直待在同樣的地方，反而希望你能到處看看。所以如果一份工作做了超過六個月，老闆大都會希望你離開。也因此，澳洲的雇主已經習慣背包客的流動。而因應這樣的變動，他們也都會控制背包客的工作時數，讓店面的經營不會受太大的影響。為了充分運用時間，也避免發生任何變故，聰明的背包客們都清楚不能僅依賴一份工作，一定要再找第二、第三份，才能確保生活的穩定。而當初在表妹家生活時，因為距離比較遠，除了公車班次少，也不方便工作到晚上才回家，所以直到搬出來之後，才開始第一次真正靠自己找工作。

在澳洲一般都要交很高的稅，所以打工可以區分為黑工及白工。黑工就是沒有幫你薪水扣稅，你可以拿到全部薪資，但通常代表老闆沒有誠實納稅，薪水往往也較低，時薪大概在十澳幣上下。至於白工，就是薪水有扣稅，但較高。因為當時背包客在最後離開澳洲時，可以把所有被扣的稅領回，所以大家都是以找白工為主。一般正常打工工作約在二十澳幣上下，但如果是背包客，可能就落在十五澳幣左右。這是當初在西澳柏斯（Perth）的行情。

以我的條件來看，雖然會說英文，但因為一直跟台灣人生活在一起，所以我的口說沒有什麼進步，要找純白人的工作，也就是最標準行情的二十二澳幣的工作，非常困難，這種工作除非有特殊證照（例如會開推土機），或是極需要勞力（例如按摩），才比較容易拿到。至於一般正規餐廳的打工，也幾乎都會被母語是英語的背包客承攬。我們這樣母語非英語的背包客，如果不考慮鄉下農場的工作，想要留在都市的話，大多集中在飯店清掃，或是速食餐廳、亞洲餐廳，這些不是高檔餐廳裡的廚房或外場。所以大部分剛來到澳洲市區的人，通常都可以聽到：每個人都有過一段洗碗的過程。

在澳洲找工作其實蠻不容易的，如果英文夠好的話，可以在一個名為「Gumtree」的網站上，找到最豐富的當地資訊。這是當地最大的交流網站，不僅有二手物品交易，還有語言交換以及打工的資訊，上面多是澳洲本地人，還有很多外地來的背包客。再來就是前面提到的「背包客棧」，只是這網站太依賴台灣人自己分享出來的訊息，內容比較局限，工作的條件也不夠好。

除了網站資訊之外，報紙也是很重要的管道。在超市或是特定地點常常可以拿到一些免費的報紙，通常是帶有一些特定目的的地方報紙，甚至有專門提供給亞洲人的。印象最深刻的就是《大紀元》，這份報紙其實就是在推廣宗教信仰，但報紙裡的徵人廣告，真的提供非常多的打工資訊。以柏斯來說，雖然有所謂的市中心，集中最多的店面商家，但在周邊的住宅區裡，也有很多小的商店區，這些商店區分散在各處，距離也都比較遠，要得到這些商店區的打工資訊，就要依靠這些地區的小報紙。

除了地區的商家外，如果要在市中心裡找工作，就得仰賴我們稱作「掃街」的方法。掃街，顧名思義就是在市街裡找工作。因為很多店家的徵人資訊，不會刊登在網路，也無法在小報紙裡找到，只會貼在店門外的玻璃上。這時就只能靠自己了，穿梭在市區的每條街來回的尋找，挨家挨戶去投履歷。這是很辛苦的過程，也很需要壯大自己的膽子，更不用提能說清楚、講明白的英文能力。

但在這當中，最重要也是最有用的方法，還是跟身邊所有的背包客做朋友。沒有什麼比從已經有工作的朋友口中，更容易知道求才資訊的。尤其是share house，大家住在一起，資訊交流的比較多，更重要的是有一個人離開，就代表一個職缺的空出，只要有人願意引薦你，那就是得到工作最快也最穩當的方法。出外靠朋友，這畢竟是千古不變的真理。

我比較幸運，一開始就能在咖啡廳裡工作，但我第二份工作也跟大家都一樣，找得超級受傷，幾乎快自我放棄。要知道，澳洲因為薪資條件好，所以跟日本以中、台、韓為主的背包客不同，這裡聚集了來自世界各地的背包客。尤其像美國跟英國，他們本身的英語能力就可以把我們比到太平洋去。所以找工作真的沒有想像中那麼簡單。我花了好幾週的時間，不停地上網投履歷、掃街、投履歷，不要說面試，連回音都非常的少。我真的不知道要怎麼找到工作。當我告訴 Penny，我找工作找到無助的坐在街頭，腦中沒有任何想法，只覺得失望、很想哭的事。她以老包的經驗、張大眼睛告訴我：「那妳快找到了，當妳無助到覺得沒有任何希望的時候，表示妳快找到了！」當然，我沒有相信她說的話。

之後在一場背包客 BBQ 中，有位台灣背包客告訴我，他工作的壽司店最近有位負責做壽司的人離開，要我趕快去試試，他會幫我跟店經理提醒一下。結果我真的就得到了面試機會，也順利地進去實習，密集受訓了兩天，學了一手包壽司的技巧。只可惜在時間上，這家壽司店和咖啡廳的工作無法配合，只好忍痛放棄。但出乎預料的是，這份壽司的工作，甚至是裡面一起工作的人，都對我往後的澳洲生活產生很大的影響，這是當初的我所預想不到的。

不過 Penny 的「神預言」還是很準確，也是因為她的幫助才會實現。一天，她突然提到她以前所工作的地方，那是一間日本料理吃到飽的餐廳，價位非常的高，也可以稱上是高級餐廳。但只做晚上的時間，跟我想打第二份工的時間點正吻合。我請求她幫我引薦，但她也不確定現在是否還有缺人，只說可以幫我問問看。沒想到過沒多久好消息就來了，剛好有人要離職，日本店經理問我能不能去面試，我就這樣順利地進去工作了。

短短的幾段文字，似乎就說完了我找工作的所有過程，但其實在心底，還有更多想不起的記憶，及深刻的心酸過程。還記得有一次，終於爭取到辦公大樓清掃工作的面試機會，如果只是辦公室的掃除，我覺得我一定可以勝任，但面試時對方告訴我，現在缺的是專門打掃廁所的人，這代表從晚上六點到九點的三個小時中，我要不斷地打掃一整棟商業大樓的每一間廁所。辦公室打掃一直都是熱門的工作，因為薪資特別高，但打掃廁所卻是我沒有預想到的。本來我只憂慮有沒有辦法獨自一個人安安靜靜的打掃一整層的辦公室，但現在要考慮的是一整個晚上努力的刷馬桶。我不知道刷馬桶這件事對我來說是什麼心情，我因為把它評價為很卑微的工作而覺得傷自尊嗎？還是單純只是因為嫌髒而不願意做？辭掉律師工作來到澳洲，我從來沒有想過尊嚴這件事，也早已拋下自己過去的身分，在心中更真切的肯定每一種工作，對每一份工作都樂在其中。那我心中的糾結又是什麼？

我從來沒有跟家人說過任何對工作的抱怨，在我爸總是念我，好好的律師不做卻跑去打工的話語中，我也從來沒有懷疑或後悔過自己的選擇；但我第一次打電話給大姐，問她對於刷馬桶這件事有什麼感覺，記得大姐笑笑的問我：「薪水有多少？」然後說：「那就刷啊！」是啊，就刷啊，這是薪水的價值超越自尊嗎？我想不是，而是能為收穫付出多少。但最終，對方也沒有給我刷馬桶的機會，一個台灣來的小律師，連刷馬桶的面試都沒有通過，我想這也是一個很難得的人生經驗吧！

我還是想說，至少我有一個正確的態度。不要把澳洲打工想得太簡單，但其實也沒有那麼難，當中需要點運氣，但那份運氣需要靠付出來交換。我想靠自己找到工作，想自在的在面試時說出漂亮的英語，那就不能停止精進自己的英文能力。我在市中心的圖書館辦了借閱證。在咖啡廳的工作時間過後，就會來圖書館自習。這裡有數不盡的資源，甚至還有電影可以借閱，不要給自己理由說找不到方法，到處都是學習英文的媒介。怎麼讓在澳洲的生活價值發揮到最大，不僅僅體現在能不能找到工作，賺了多少錢。找工作的過程中所下的苦心，更會是一輩子的寶藏。

或許因為得來不易，我在澳洲比較少看到在工作上偷懶的人。當然還是有前輩會挑輕鬆工作做的情形，但大部分都是更認真希望得到更多工作時數的人。也因此，工作上不乏競爭的壓力，當你默默隱忍到成為前輩的那天，擁有跟前輩相同的工作條件的時候，卻發現晚來的後輩比你懂得什麼叫做爭取。這種競爭的環境對我來說是很陌生的，也跟我過去律師的工作性質有點不一樣。律師是比較需要專業的職業，也容易接觸一些較為私密的範疇，所以從開始就會擁有自己的辦公室，屬於單打獨鬥、自己對自己負責的工作。除了帶領你的老闆或合夥律師之外，沒有太多所謂的上層與階級。雖然打工也沒有所謂的升遷，但因為時薪計算的方式，以及擔綱工作內容的不同，還是很容易有無形的競爭壓力。

像在咖啡廳的工作，可以分為廚房跟外場。廚房的工作結束得早，工作時數短，外場則需要較高的英語能力，通常都是由最資深的員工擔任。我一直都是在廚房裡工作，到後來前輩一個一個離開之後，就被店經理詢問是不是應該到外場去。剛開始我是很抗拒的，覺得躲在廚房裡工作很自在，也不想承受聽不懂客人點餐的壓力。但店經理要我自己想清楚，我現在已經是站在前輩的位子，願不願讓後輩跳過我到外場去工作。外場是全新的工作內容，如何煮出一杯好喝的咖啡、拉花？如何在中午最忙碌的時段，快速聽懂外國人的點餐，交代廚房出餐？甚至如何幫客人找到便利商店裡可能連我都是第一次見到的商品？這些都是全新的挑戰。我突然領悟到咖啡廳本來就是一個小公司，我該決定往前走，還是站在安全的原地踏步？

最後，我決定接下外場的工作。像是第一次進入到真實的社會，第一次被升官。從覺得自己很弱，戰戰兢兢地收錢、點餐、煮咖啡，到能坦然跟客人應對，熟悉全店的運作，指導新進的內場人員。甚至被客人取笑英語不標準時，都能大笑地要求客人教我正確的發音。這樣的進步，終於跟我設想的目標接近，不是躲在都是台灣人的後台，而是走到前面，真正進入有澳洲人的地方，用外國的語言跟外國人應對，成為一個在外國也能生存的人。

就像無法脫離真實的社會一樣，打工度假也有競爭，也有爾虞我詐。我在當中重新學習當一個社會人，學習變得強壯。但在身為前輩的位子上，我並沒有做的很好。跟其他地方一樣，咖啡廳也有比較保守的人，就是比較喜歡保有前輩姿態的人，對於後輩的指導容易流於挑剔。第一次成為前輩的我，也被這樣的氣氛影響，覺得新進的人就是做的不夠好。但我忘記的是，所謂的前輩跟後輩，不過就是時間的先後而已，如果她到這家店的時間比我早，做得時間比我長，那她自然就會比我更上手，比我更能幹。如果只是因為工作的時間比較長，那又憑什麼去檢討別人？這是我在成為前輩、成為一個老包時，犯過的最大錯誤，我用自己過來人的立場，去批判才新進入這個環境的人，但自己不也是這樣一路跌跌撞撞走過來的嗎？

一個我以為單純的打工工作，其實也有那麼不簡單的一面。我懷念這一路摸索成長的過程，這可說是澳洲打工度假中最值得珍惜的一段。如果你現在才開始要成為一位打工度假的背包客，那請聽我一句忠告，就是不要理會前輩們所說的喪氣話。請相信自己，進化成一個老包吧！

04 Three Chicken

我還是跟以前一樣，辛苦的打著兩份工，但下班後，我終於能找人訴苦……

剛到澳洲的時候，除了表妹一家之外，我沒有認識任何的背包客朋友。那時常常可以看到大家在網路上徵求一起出發的人，我覺得這是很好的起點，因為不管在哪裡，朋友都是生活裡很重要的存在。

在柏斯，會有一些背包客的根據地，是每位初到這裡打工度假的人容易聚集的地方。當中最出名的就是市中心的日本教會，每週會開放固定的時間辦英文課程，不同天甚至還會有不同的老師，進行不同的教學活動。這是每個背包客都知道的地方，在這裡，除了可以免費上英文課之外，更重要的是還能認識新的朋友。會來到這裡的人，大多是剛到柏斯的人，因為大家對一切都很陌生，很容易就能走在一起。

有次的課程活動是要介紹自己的國家。在那個時候我遇到了 Kenneth，並且告訴他我來自 Taiwan，他興奮地大叫：「我知道，我去過 Tai！」我馬上大聲地糾正了他：「是台灣，不是泰國！」他覺得非常抱歉，並解釋他並不是不知道台灣，但在韓語，台灣有另一種讀音，所以他聽到

Taiwan，才沒有馬上聯想到是台灣。從此之後，我們彼此只要一說話，或是一起認識另一個新朋友，我就不會忘記介紹他是把台灣跟泰國搞混的 Kenneth。他是我在這裡認識的第一個韓國朋友，正確來說，是第一個朋友。在之後的課程裡我們常碰面，也會相互聊天，在一次分組活動裡，一個韓國小女生 Rachel 也加入了我們，是個非常可愛嬌小的女孩子。我們三個人變成很好的朋友，還相約要一起出去玩。

就在某一天，我們決定要去海邊，由 Kenneth 的室友開車，帶著我和 Rachel，加上他們在網上徵到的一位一起出遊的朋友 Romina。不可思議的是，大家幾乎都是第一次見面，除了 Kenneth 跟 Rachel 外，其他兩人我都沒有見過。Romina 跟大家甚至完全不認識。但這樣的組合卻沒有任何陌生的尷尬，大家一起到超市去採買，大包小包的往海邊出發。路程真的非常遠，單趟就要開三個多小時的車，只有我一個台灣人，他們四個卻都不會忽略我，大家一路上聊得非常開心。我們沿路還去了巧克力工廠，邊走邊玩的結果，到了海邊幾乎都快要天黑了，整車 BBQ 的食材，也一直沒有找到適合的地方烤肉。更誇張的是，回程時我們發現車子快沒有油了，但當時早已經天黑。澳洲的加油站營業時間跟一般上班時間相同，工作人員早早就下班，我們跑了好幾間，都找不到人幫我們加油。就這樣用導航在市區一直繞、一直繞，拚命找加油站，一下開心、一下失望，為了怕浪費汽油，擔心汽車突然就跑不動，我們還下車用走的去找，我一度絕望，覺得那一天可能就要睡在車上了。還好後來發現一間自助加油站還在營業，成功加到了油。我真的覺得這一天也太驚險漫長了。

大家都累癱了，我以為就要這樣一路開回家，沒想到中途卻在一個公園停了車。當時已經晚上十點多，在澳洲這樣郊區的公園，連一盞路燈都不會有。搞清楚之後才知道，原來大家打算要在深夜的這個時間點，在黑漆漆的公園裡 BBQ！我說你們韓國人也太瘋狂了吧！用雨傘擋著強風，手機當照明，沒有手機的地方就幾乎什麼都看不見，連送進嘴巴裡的是什麼都不知道。大家就這樣在公園裡烤起肉來，在邊喝啤酒，邊吃烤肉，要看見彼此都很困難的情況下，依然可以開心的聊天。這真的是我這輩子覺得最誇張的 BBQ！

之後很長一段時間，我都跟 Kenneth、Rachel 還有 Romina 混在一起。除了我有咖啡廳的工作外，他們三個都還在找工作的階段，所以大家都十分有空閒。我們常常約著一起開簡單的派對，或是在 Rachel 住的社區大樓裡辦 BBQ。我們都沒什麼錢，只是單純買了肉來烤，包了泡菜跟生菜，就是歡樂的一餐。我們也會一起去參加其他背包客的活動。在柏斯的酒吧裡，常常會舉辦背包客之夜，也就是當天來參加的背包客，都可以用很便宜的價格，大概是五澳幣左右，換得一個大亨堡加上一杯啤酒。我記得這一天一般都是星期三，這個時候，大家都會盛裝參與，非常容易在這種場合認識更多在柏斯打工度假的朋友。

這一天在酒吧裡，我們碰到另外一個群體，裡面有台灣人，也有日本人。就是這次機會我認識了 Ken 跟 Andrew。Ken 是一位英文說得非常好的日本人，他跟我們四個恰巧坐在同一桌，我們聊了很多，他跟我說，很難得遇見像我英文說得這麼好的背包客，讓我超級驚喜。Andrew 則是 Ken 很好的韓國朋友，他比較有領導風範，也非常喜歡交朋友，很多時候可以發現，是他在努力維繫這樣一個大群體。很快的，大家就開始熱絡聊起天來，馬上又約好下一次的聚會地點。之後我們一起在漂亮的湖畔烤肉，在草地上唱歌，Ken 彈得一手好吉他，我們台灣幫也獻唱了一首〈朋友〉。那是一個智慧型手機已經問世，卻還不夠普遍的年代，大家辛苦的傳著手機簡訊，以想對彼此更了解的開闊心情來保持聯絡。雖然少了便利的社交軟體，卻有了更多面對面說話、認識彼此的空間。

住在「199 share house」的時光裡，我也遇到一群像家人一樣的好室友。從一出國到菲律賓、美國、澳洲，一路上我遇見了許多人，也告別了很多人。我們曾熱情的歡聚在一起，也有過無數無奈的別離。就像我曾經說過的，對於這樣的來來去去，我選擇變得淡然，不再計較感情的深淺，也不勉強緣分的有無。

剛住進「199 share house」的時候，宿舍的氣氛很明顯有老包跟新來的差別。老包用管理者的姿態，規定著宿舍裡的規矩，一點點因為不熟悉的小差錯，例如忘記把使用過的鍋碗收拾起來，就會引起驚天動地的責難，時不時的可以看到家中貼著警告的標語。老包有自己的小群體，拒絕跟新來的套交情。總是可以聽到他們在房裡的笑聲，但在踏出房門後，卻立刻會換上一張冷漠的臉來面對新來的人。我無法理解老包們的心情，或許這也是一種淡然，拒絕在剩下不多的時間裡，還要花費心力對新來的人付出關懷。這裡的淡漠，我想就是與天堂相反的真實世界。我可以在家裡安靜的做著自己的事，跟任何願意跟我聊天的朋友說話，但我也拒絕主動跟任何人拉攏關係，不再成為熱鬧的中心，即使跟過去的我很不一樣。但我不想再勉強任何僅可能只是一時熱情的友誼。

這樣的情況，在 Vita 住進來之後變得不一樣了。還記得 Vita 剛住進「199 share house」的時候，因為是晚上的飛機，到達的時候我們都已經就寢了。尤其我因為咖啡廳早班的工作，都非常早睡。但 Vita 一進來就開始努力地收拾行李，製造了很多的聲響。我睡夢中醒來，不耐的拉開了布簾，對 Vita 開口的第一句話，就是請她小聲一點。這樣的舉動把她嚇壞了，事後她告訴我，她以為住進了一個什麼鬼地方。而我在不經意中，也變成了冷漠的老包了呢！

那時候我用從 Penny 手中接過的厚布，為自己築起了一座城牆，下鋪的床位讓我用布繞了一圈包圍了起來，除了可以阻擋冬天的寒風，也可以讓提早睡覺的我避免被還開著的燈光扎眼，但同時也阻擋了我跟其他室友間的交流。同時打了兩份工作的我，除了從早上到下午的咖啡廳工作之外，傍晚還要趕去日本料理餐廳，兩份工加起來幾乎占滿我所有的時間。每次回到家也都是深夜，總是快速的洗完澡後就上床睡覺。跟室友們保持距離，變成我最輕鬆的一種生活方式。

當時的四人A房，住著我、Noddle、Amy，跟最後進來的 Vita。Noddle 跟 Amy 是前同事，一起結伴到澳洲來打工度假，兩個人都非常開朗幽默。Vita 的性格也很好，像個小男生一樣，講話方式跟內容都十分單純直率，甚至有點傻傻的。尤其第一天她嘗試自己下廚，煮了一碗青菜麵，一鍋麵裡大量的綠色蔬菜，不僅不美觀也沒有什麼味道，把大家都笑翻了。那碗從外觀就可以知道有多難吃的青菜麵，是我永遠忘不了的 Vita 招牌料理。在喜歡 Vita、想和她成為好朋友的心情下，我也漸漸對其他室友敞開心胸。願意花更多時間跟大家說話，一起吃飯聊天。這才發現，大家都比我想像中的更好、更親切，根本沒有不跟她們成為朋友的理由。我也是這時才驚覺，過去難以親近的老包們，早已換成另一批開朗熱情的新室友。

四人B房住著一位天生的背包客——香港人 Ivy，她有說不完的流浪故事。還有每天清晨跟我一起衝去上班的 Verna、英文很好的 Clair，以及跟弟弟一起來澳洲的姐姐。住在三人房的是和姐姐一起來澳洲的弟弟（是的，就是前面提到的姐姐），以及難得回澳洲度假的房東 Andy。雙人房則住著一對表姐妹 Sandra 跟 Janet。大家來到澳洲的時間不盡相同，像表姐妹才剛到不久，我則已經待超過半年。但就像有趣的人會互相吸引一樣，自從 Noddle、Amy 這對幽默的朋友住進來之後，「199 share house」就變得熱鬧很多，然後接著入住的 Vita 跟 Ivy，天生就有著好相處的性格，甚至連最後加入的 Sandra，也是一位冷面笑匠。

我很幸運，在澳洲最後的日子裡跟這些人住在一起。雖然還是跟以前一樣，辛苦的打著兩份工，但下班後，我終於能找人訴苦。常常睡到一半，雙腿痠得受不了時，也會突然拉開布簾爬到地上拜託大家幫我按摩，把 Vita 嚇一大跳，她常抱怨我跟貞子有什麼不一樣！雖然哇哇叫，但 Vita 還是會用她很不佳的技術替我按摩，更不止一次用膝蓋在我的小腿上跪了好久，幫我放鬆肌肉。相較於我的早睡，大家都是夜貓子，尤其學理工的 Vita，應該是不知道幾點是正常的上床時間。但我不再認為燈光刺眼，反而感覺身邊一直都有人在，很放心。我曾跟 Vita 說過，我對於交朋友已經有點疲倦，想這樣靜靜的待到打工度假的最後。但她只跟我說：「妳幹嘛啊，想太多。」真的，有時候緣分真的不需要想太多。

在澳洲更重要、交情更深厚的朋友，還有不能忘記的 Hwan 跟 Jacob。前面有說到，我曾在一間壽司店短暫的實習過，這間店叫做「IKU 壽司」，是一個新加坡華僑所開的店鋪，裡面工作人員清一色都是背包客，但不僅限於台灣人，還有菲律賓人跟韓國人。在那裡，我遇到了 Hwan 跟 Jacob。

從進入廚房開始，就有一個很爽朗的大男孩，總是穿著運動褲，用很大的嗓門跟奇怪的中文發音跟我打招呼，那是 Jacob。他長得非常可愛，是一個在中國讀了三年高中的韓國人。他說他在中國留學時中文說得並不好，因為沒有什麼朋友，只有坐在旁邊的兩個中國同學會跟他說話。所以他的中文其實是到澳洲才學的，因為在澳洲打工度假的台灣人很多，而他也總是跟台灣人混在一起，所以他覺得他的中文變得甚至比英語還好。至於 Hwan，是 Jacob 的室友。相較於 Jacob 的爽朗，Hwan 顯得有氣質很多，斯斯文文，眼睛總是笑得彎彎的，英文也說得特別好。Jacob 常說：「Hwan 很會讀書，我不會讀書。」兩個人都是高中一畢業就來澳洲打工度假，Hwan 還特地晚一年讀大學。因為他們都只有十八歲，年紀比其他韓國人都來得小，所很難跟其他哥哥姐姐們成為朋友，兩個人很自然就一直走在一起。

我跟 Jacob 還有 Hwan，是在「IKU 壽司」那一次的實習中認識。Jacob 主要負責熱食，常常看他在大呼小叫，跟廚房裡另一位台灣廚師用他不熟稔的中文溝通。最喜歡聽到他在念那些餐點的中文「TERIYAKI 雞，大的」，尤其餐點的分量「大的」、「小的」，他都會用很誇張的語氣強調，非常可愛。Hwan 則負責冷食部分，一開始的壽司就是他教我包的。我當時就很驚訝他可以把所有的食材都用英文念出來，每當我誇獎他，他就會很不好意思的笑到眼睛彎起來。但經過兩天的實習後，我還是放棄去「IKU 壽司」工作，心裡其實有點難過，尤其看到 Hwan 也覺得很可惜的表情，我真的蠻喜歡這兩個孩子的，也想過如果能跟他們一起工作應該會非常開心。之後很長一段時間，都沒有機會再見到 Hwan 跟 Jacob。還好，有時候緣分真的不需要想太多。

在咖啡廳下班之後，日本料理餐廳上班之前，我都會有一小段中午的休息時間，有時候會跑回家睡覺，有時候則會到圖書館讀書。有天下午我在圖書館讀書的時候，突然看到 Jacob 跑了進來，他看到我很驚訝。跟朋友約好出去玩的他要我等一下，他要去跟 Hwan 說。沒多久就看到 Hwan 跟 Jacob 一起出現，三個人相見歡，彼此都很開心。我本來就很喜歡他們兩個，但還真沒想到有機會能再見一面。

從此之後，Hwan 跟 Jacob 就很常跑圖書館，尤其是 Hwan，我們會一起拼拼圖，還會看英語漫畫。他們其實有著很不一樣的個性，Jacob 爽朗大方，Hwan 溫柔誠懇。兩個人生日只差了幾個月，所以誰都不讓誰，常常還因為意見不合而鬥嘴。我們會趁著休息的時間在市區晃晃，吃吃東西。有一次，我們還一起搭了船，跑到南邊去玩。那天我們在河畔拍了許多照片，到傳說中自由捐獻的印度餐廳去用餐。在路上還遇到一位喝醉酒的大叔，其實大部分的人遇到醉漢都會選擇避開，但 Hwan 竟然停下腳步耐心的聽完酒醉大叔要說的話。我們問他為什麼要跟喝醉酒的人說話，Hwan 說如果無視他的話，他的心就會很受傷。Jacob 則是在旁邊氣得跳腳，怕 Hwan 會有危險甚至被搶。就這樣很不一樣的兩個人，再加上姐姐我——其實我們三個有著一樣的生肖，都屬雞。很莫名其妙的組合就形成了一個小團體，一起到處遊山玩水，我們都自稱為 three chicken。

他們陪伴了我在澳洲很長一段時間，那段時間工作特別辛苦，但在跟他們相處的時候都能得到很多安慰。我其實隱約感覺到 Hwan 十分喜歡我，也很有可能是少男情竇初開的喜歡。果不其然，有一天在圖書館的時候，平常就喜歡用中文跟我說話的 Jacob，偷偷用中文告訴我：「Hwan 說他喜歡妳。」我雖然心裡有底，但直接聽到這些話還是覺得很驚訝。對於我來說，Hwan 就像一個弟弟一樣，我不想破壞兩人之間的關係，只希望能一直維持好朋友就很好。我們都沒有再提過這件事，我不會因為怕誤會而刻意疏遠，總是保持適當的好朋友距離。

Hwan 生日的時候，我特地買了一個蛋糕提到他們店裡，三個人一起唱生日快樂歌，吹蠟燭，我還送給 Hwan 一把木製的萬用刀。Jacob 幫 Hwan 翻譯我用中文寫的卡片，其實我有一半是用英文寫，只是寫到後來覺得很多話用英文表示，就會變得很淺，所以我就用中文寫完所有對 Hwan 的感謝跟祝福。我不確定 Jacob 有沒有翻譯正確，但可以感覺 Hwan 聽完後非常感動。那天，我們還一起到遊樂場喝珍珠奶茶、開賽車、打撞球。那是 three chicken 都很開心的一天。

過了不久，Hwan 跟 Jacob 在「IKU 壽司」跟一位台灣背包客起了衝突。細節我並不清楚，但他們兩個都不是會跟人交惡的個性，好像是因為那位台灣人為了當上店經理，跟老闆拉攏關係，在取得老闆信任後，又不願努力工作，只喜歡把工作交代給別人，讓幾乎跟他同時進入這家店的 Hwan 跟 Jacob 都很不滿。結果，那位台灣人在老闆的撐腰下，為了安排其他認識的台灣人進來工作，將 Jacob 開除，也大幅減少 Hwan 的工作時數。那時候 Hwan 打了一通電話給我，說他被背叛了。他不懂為什麼他跟 Jacob 會被這樣對待，明明一直都很努力的工作，為什麼老闆跟同事會背叛他們。

那是我第一次聽到背叛這個英文單字，也是單純善良的 Hwan 第一次用這樣嚴重的話語對人說出批評，我聽了也覺得很心痛。我知道打工度假的環境並沒有想像中單純，但至少在我身上沒有發生過這樣可怕的事情。我告訴他，也許這就是他該學習的真實世界，來到澳洲，不只是要學習在國外生活，也要學習怎麼應付這個世界，不是所有事情都可以跟想像中一樣美好，也許這才是我們應該學的。

Jacob 提早離開了柏斯，到了農場去集二簽（如果想爭取第二年的打工度假簽證的話，規定要到偏僻的地方去打工一段時間，我們叫集二簽），Hwan 則在一個阿姨的幫忙下找到第二份工作，跑去打掃辦公大樓。地點的距離、時間的錯開，讓我們再也不能像往常聚在一起，在市區散步、在圖書館拼拼圖，three chicken 解散了。Hwan 一直有個夢想，說要在最後幾個月裡，騎腳踏車環遊東澳及紐西蘭。這是他認為是將來可以寫進自傳裡，十分了不起的事蹟。我告訴他記得一定要在回程裡，騎到日本來找我，我會在那裡等他。

而他也真的在最後一站到日本找我了。

05

免費的最好，一起走路去旅行

我跟 Vita 還是就這樣走了過去，沒有花上一毛錢，卻看到了百萬元的美景。

在澳洲的日子，我花了絕大部分的時間在打工，雖說名為打工度假，但其實真正的重心都在賺錢。我想在離開澳洲前的幾個月集中旅行，並把大部分的收入，都留在接下來到日本留學的計畫裡。為了達成這項目標，我計算好每個月應該要有的收入，扣除基本支出，包含最後的旅行還有日本的留學經費，設定好每個月應該要有的儲蓄。但其實這個負擔真的蠻大的，兩份工作已經是我時間與體力上的極限，所以我只好在生活支出這方面力求節約。在澳洲的生活，除了房租外，最大的開銷就是伙食，不僅上餐館吃飯很貴，在家自己開伙的食材費用也很驚人。所以如果要存錢，不僅僅在料理上要懂得節省，最重要的是，一定要在一間好的餐廳裡打工。

白天在咖啡廳裡的工作，就足夠讓我免掉早午餐的花費。咖啡廳的員工福利本來就有包餐，在中午過後不忙的時間，我們就可以利用廚房的食材，做自己喜歡吃的三明治。如果當天有賣剩下的餐點，甚至快要過期的熱食，不僅可以當作午餐，還可以打包全部帶回家。甚至在週末，因為沒有上班族的客群，會剩下很多外面麵包店訂來的馬芬或蛋糕，因為成本較高，都是平常捨不得吃的點心，如果有剩下，都會馬上被大家分贓。

但提到打包餐點，最超值的還是晚上打工的日本料理餐廳。這間餐廳的消費模式是吃到飽的，因此不論客人多寡，都必須要準備一定數量與種類的料理。包括一些熟悉的日本料理，甚至是生魚片壽司，都是這間餐廳的基本菜色，也是我們最大的福利。因為是消費較高的餐廳，每天準備的餐點是不能放到隔天再賣的，所以我們每天下班前最重要的一件工作，就是把剩下的餐點打包，大家再一起分配帶回家。這些食物，不僅養活了我，甚至養活了我們全share house的人。還記得每當下班回家時，就會看到室友們眼巴巴地在等著我們帶回家的山珍海味，有人在外打工還能天天吃生魚片的嗎？在這間餐廳工作的人，通通都是台灣背包客或是中國留學生，甚至連在廚房工作的也是透過仲介來澳洲工作的中國夫妻。我們一群在外生活的人互相依靠，有時候晚餐沒有吃就來上工，廚房的人還會在忙碌的出餐空檔中，為我們準備晚餐。在忙進忙出、收拾餐盤跟出餐的過程中，偶爾還會偷空夾一條炸蝦或章魚燒，或是擠一杯抹茶霜淇淋，在廚房邊擦盤子邊偷吃，然後互相吐槽誰被日本經理發現等等，這些都是打工中非常有趣且幸福的片刻。

自從搬出表妹家、自己在外生活開始，我就一直靠著咖啡廳與日本料理餐廳的餐點填飽肚子。在沒有上工的日子，我也多半是煮簡單的稀飯，配著從菲律賓之後就無法戒掉的泡菜。這樣的飲食持續了半年多，聽起來似乎過得很寒酸，但我打從心裡沒有任何的怨言，這些餐點都非常美味，甚至是天天當早餐吃的馬芬，我到最後都沒有覺得膩過，每一口都好捨不得吃完。不僅如此，由於大家都在不同的地方上班，自然可以帶回不同的料理互相分享。有室友在印度餐廳打工，我們就可以吃到印度料理；還有室友在餐廳學做派，我們就有一大堆咖哩派可以吃。

但最棒的還是在偶爾的閒暇時間，大家一起捲起袖子做自己喜歡吃的東西，像是包餃子，或是滾湯圓。從自己揉麵團、擀皮到包餡，全部都是自己來，分工合作，簡單的小吃，最後都可以變成像開派對一樣。Hwan 也曾經來到我們的 share house 裡，做了一大盤辣炒年糕給我們吃。那些在台灣很容易就可以吃到的東西，在這裡都變成很珍貴的美味，而且沒有親手做過真的不會知道，新鮮現擀的麵皮，在煮熟後真的會有很濃郁的麵香，我從來不知道連水餃皮都能發出香味，這對一直以來習慣外食或冷凍料理的我來說，實在是新發現。

生活支出的節約，不僅體現在吃上，而是包括全部的食衣住行。除非工作上要求的鞋子或服裝，我幾乎沒有添置任何新的東西。也可能是因為在美國就已經買全足夠的裝備，來到澳洲之後，縱使有再多 outlet，我則可以心如止水。交通上，我則是用了八十澳幣，從韓國人手中買了一輛二手腳踏車，因為實在太舊了，還讓表妹夫幫我大肆翻修了一番，讓它成為我假日閒逛最佳的幫手，在趕上班以外的時間，我都會騎著它去赴大大小小的約。當然，比起腳踏車，在澳洲買車會更方便，像 Penny 就擁有一輛寶貝車。這些二手車都是在背包客間流通、非常簡陋的代步車，不要說音響等配備，甚至可能連冷氣都沒有，但在交通上真的會方便很多。尤其澳洲的公車很少，如果要應徵在郊區的工作，勢必需要一輛車代步。但有車不僅要考慮油錢，還有些稅金要繳交，在考量這些成本之後，我決定只留在市區找工作，並且從此以腳踏車維生。

然而，有有車的朋友卻很重要。我在澳洲的幾次旅行，幾乎都是依靠身邊會開車的朋友。最懷念的是跟 Penny、Elsa 還有 Angela 一起去奧班尼（Albany）的旅行，那是我離開柏斯最遠的一次。我們從柏斯開車過去，四個女人一路上說說笑笑，時間一下子就過去。我們都是背包客，不會因為難得的旅行就過分消費，所以出發前就先去了趟超市、準備了很多糧食。晚上還訂了背包旅館「1849 backpackers」（澳洲人真的很喜歡用數字取名字，沒有什麼複雜的，就是地址上的區號而已），一整間房只有兩張上下鋪，非常簡陋，餐廳浴室也設置在外面，很像回到以前大學宿舍的生活一樣。但這樣的背包旅館比起一般的飯店，我覺得多了一份溫馨。晚上旅館還舉辦派對，準備了免費的餐點，像是簡單的熱狗跟義大利麵，讓大家可以一起在戶外吃喝聊天。類似飯店包晚餐的感覺，卻用派對的設計，讓住在這裡的大家可以互相認識。幾乎所有人都是遠道而來的觀光客，大家熱熱鬧鬧地在一起，外國人又份外熱情，氣氛超棒。早上起床，還可以在廚房看到來自各國的背包客們擠在一起準備早餐，甚至還有一些我沒見過的異國料理，像是西班牙人就煮了一鍋濃稠的豆子。雖然都是自己買來的食材，但大家仍毫不吝嗇地問你需不需要來片麵包；這種四海一家的感覺，一直都是在背包客身上，最能展現。

不過，最有感受的還是我跟 Vita 走了一趟來回六個小時的旅行。西澳大學是柏斯最好的一所大學，我一直很想知道那是什麼樣的地方，就跟 Vita 一起走了過去。你們知道那有多麼遠嗎？我們的想法很簡單，就只是想這樣簡單地走過去。穿著最舒適的帽T，憑感覺的方向走，沿路經過超市，我們就進去買個小零食；經過小池塘，我們就跟小池塘裝飾的木屋合照。那天的天氣非常好，蔚藍的天空，眩目的陽光，暖暖的溫度，乾燥的空氣，這一切讓長途跋涉變得舒服又療癒。沿著河岸一直走，盡頭的地方就是西澳大學。也因為可以沿著河岸走，無須懷疑是否迷了路，但總覺得怎麼老是走不到盡頭。沿途人煙稀少，偶爾看到在等公車的路人，縱使腿已經非常痠痛，但上了公車就宣告走路旅行的失敗，我最沒辦法的事就是半途放棄。最後西澳大學究竟是長什麼樣子，已經想不起來了，只記得我們躺在草地上休息了很久，幾乎都要睡著。睡醒過後，就是再一次的雙腿旅行。我們又按著原地走回了市區，經過池塘，已經是昏暗的天色。途中看見一家便宜的日本定食餐廳，也是著名的背包客集散地，就跑進去飽餐一頓犒賞自己。回到家已經是深夜了，我想不起來這一整天到底做過什麼，除了一直走一直走。

柏斯最美的夜景在國王公園，那裡有可以看到市區夜景的草地。我跟 Vita 也走路去過，沒有花上一毛錢，就看到了百萬元的美景。在治安不好的澳洲，這樣夜晚的遊走，多了點危險，也增加了刺激，但來回大概也辛苦的走了四個多小時。你問我為什麼要讓自己過得這麼艱難，如果要這麼辛苦那寧可不要去。但節約就是一種態度，一種最低成本下得到收穫的樂趣，甚至是一種簡單的平靜，回歸最原始、最容易滿足的初心。

06

還有更糟的事嗎？我被偷了

我第一次體會到什麼是恐懼，在你沒有對不起任何人的時候，卻有人可以這樣輕易的就傷害了你……

我在澳洲一直在追求一種簡單的生活，不管是物質上，還是精神上的。但接下來想到日本留學的計畫，卻一直讓我心底存有壓力。已經不太會說日語的我，是不太可能馬上在日本找到工作，所以我至少要存下一年語言學校的學費跟生活費，那不是一筆小數字。因此到後期我一直希望能找到工作時數再更長的打工，讓我最後在澳洲的時間能夠充分地被運用。當時最好的選擇就是再次回到Jacob還有Hwan工作的「IKU壽司」。那時他們都還沒有離開，能跟他們兩個一起工作一直是我很期待的事，最重要的是他們當時很缺包壽司的人，不論平日或是週末。所以如果到「IKU壽司」去工作，我可以從星期一工作到星期日，從早上六點開始工作到下午。但也意味著要放棄咖啡廳的工作，那是很困難的決定。因為咖啡廳是我到澳洲後最初的工作地，也一直是給我很大安全感的地方。但是我在澳洲的簽證時間已經不多，如果要達成全部的計畫，咖啡廳的時數跟工資顯然都不可能讓我完成目標。加上當時Penny的簽證已經要結束、準備離開澳洲，我在咖啡廳最大的樂趣也跟著消失了，也許這就是該離開的那一刻。我帶著別離的傷感和歉意，跟咖啡廳老闆辭職，來到了「IKU壽司」。

「IKU壽司」的老闆是一位新加坡移民，跟台灣老闆的感覺不同，就是少了那一份親切感。包壽司的工作比咖啡店辛苦很多，首先我要在九點半前包完將近三百條的壽司。因為外帶壽司的主要客群是上班族，如果沒有辦法在九點前上架全部的壽司，過了上班時間之後壽司就會很難賣掉。而壽司不只有一種口味，還有很多種變化，數量也不一樣；每天上工後第一件事是要先確認好今天要包的壽司有哪些口味跟數量，並且把需要的食材都擺好在工作台上，開始瘋狂地包壽司。這裡的壽司比較像是卷壽司，用竹簾一條一條包好後，以刀子將壽司切半，再分別用包裝的機器將半個半個的壽司，一袋一袋的密封裝好。這些全部都是一個人的工作。有次因為將壽司米鋪好在海苔上的機器壞掉，我只好一片一片用手把米慢慢地鋪平在海苔上。不是慢慢地，是瘋狂地一片一片的攤平它們，又黏又要鋪的平均、美觀。不管再拚命，最後還是沒能在九點前將全部的壽司上架，而受到老闆的責難。老闆就是一個這樣的商人，不會聽員工講理由，只在乎能不能達成每天的業績，跟充滿人情味的咖啡廳全然不同。我其實一點也不喜歡這裡，我想念咖啡廳，但我不能對自己寬容。在實習完之後（美其名是實習，其實就是一種免費的勞工），老闆正式錄取我，要我隔天就來上班，而且是當最早來開店的人。一般包壽司的工作時間是六點開始，但開店的話五點半就要到，負責打開全店營運的設備，還要處理一些準備程序，例如洗米煮飯等。但當天老闆在找不到人的情況下，縱

分都是花花綠綠的糖果，被裝在一個看不見內容物的袋子裡，依照袋子花色的不同會有不同的價位，像驚喜包（福袋）一樣。這種商品超級受小朋友的歡迎，也是 Royal Show 很重要的收入。我們在嘉年華會的開幕前，應徵到的多是這類包裝的工作，會有一箱一箱的糖果倒在我們的面前，我們再依數量跟種類裝進包裝袋裡。

工作非常簡單，但有效率的完成卻很重要。雇主們會告訴大家，在準備工作表現得好的人，就有機會在開幕後還能進到會場繼續工作。為了能夠爭取到開幕後的工作，全部人都是卯起來裝，而且聰明的亞洲人還會想辦法節省時間，設計出一套更簡便的分工方法，有些人負責拆箱、補糖果；有些人負責裝糖果，一人負責兩種糖；再有些人負責裝箱。大家幾乎沒有片刻休息，整個倉庫都是呼喚補糖果的聲音，偶爾因為糖果的貨還沒送到，我們才會喘口氣休息一下。就在這樣有效率的方法下，我們把一個禮拜的工作量，在四天之內就全部完工了，澳洲雇主對我們的超高效率感到驚訝。他們曾經看過澳洲的高中生們來打工包糖果，一樣的工作內容，卻是跟我們完全不同的執行方法。他們把各類的糖果攤在桌上，大家圍著桌子旋轉，繞完一圈才能裝完一袋，一樣的時間，如果是我們大概已經裝好一百袋了。

但這樣的有效率反而縮短了我們的工作時間，一下子工作就被提早結束了。想想亞洲人就是太聰明了，但也是一股傻勁吧。大家在一起奮力的包糖果，手沒有停下，嘴也沒有閒著，有台灣人、香港人，大家七嘴八舌地說八卦、聊是非，不僅提高工作效率，也讓一整天的身心都很亢奮，是一種充實的滿足。我想即使一開始就知道工作會被提早結束，我們還是會選擇一樣的有效率地進行工作，因為比起當個笨蛋，在工作上得到的成就感，一直都是最重要的事情。

我們當中爭取到開幕後工作的是室友Ivy，她可不止爭取到一份開幕後的工作，在她的幫忙下，Vita也順利的在會場裡幫忙，而Clair也幸運地進到一間速食店裡工作。我們「199 share house」的室友們，就在她們三位的庇蔭下，幸運地參加了好幾天嘉年華會，這裡就像是臨時搭建的兒童樂園，有可愛的小型動物園，刺激的遊樂設施，有精彩的表演，還有很多像夜市裡空氣槍射擊一樣簡單的小遊戲。當中最精彩的，就是每晚結束時所放的煙火，那是嘉年華會裡最大的賣點。煙火集中在草地的中心施放，雖比不上台灣國慶煙火的華麗，也沒有像日本煙火布滿整個天空一樣的巨大，但配合音樂施放卻顯得更為活潑精彩。我覺得那幾晚的柏斯天空都好美，隨著音樂一束一束衝向天際的煙火，雖然短暫卻好燦爛。就像在澳洲的生活一樣，沒有把打工度假一年簽證走完的我，沒有去過農場，也沒有環遊澳洲，這樣還能挺著胸膛說出到過澳洲打工度假嗎？可以的。憑著亞洲人的聰明與傻勁，我完成了每一份工作，走路去了很多地方，看了許多的美景，也擁抱了很多朋友。這段像煙火一樣炫目銘心的打工度假，短暫卻不帶有遺憾。

當我戰戰兢兢地告訴咖啡廳老闆，我要離開的事情之後；老闆也同時跟大家宣布，他把這間咖啡廳賣掉了。這是商業上的決定，與我們都沒有關係，但結束的時間點卻是那麼巧合的，在我工作的最後一天。那天，我在吧台前泡著最後的咖啡，心裡默默地跟每位客人說再見，見到了總是來買紅茶的那位客人。我告訴他這是這間店最後一天營業，很謝謝他總是這麼支持我們的紅茶，他竟然驚訝地也告訴我，他要到別的地方去工作了，這是他在這間公司的最後一天。是該走了，大家一起說再見。咖啡廳裡的人，有的要移動到下個城市，有的為下一位老闆留下來，而我，就是該走了。跟柏斯說再見。跟咖啡廳說再見。跟「199 share house」說再見。跟每一位在這裡的朋友不捨地說再見。

最後一晚，Vita 找我去餐廳吃宵夜，我實在沒有心情還拒絕她。她激動的要我一起去吃，我才不情願的穿著睡衣一起跟她走到餐廳。這時候燈都暗下來，Verna 端出了大家為我特製的蛋糕，還有一桌美味的料理。他們為我提早慶生，也為我送別。我記得我沒有哭，但那份感動即使到現在寫出來，心還能感覺到抽動。我們一起在地毯上鋪了床單，兩張上下鋪的四個人全睡到了地上，最後的一天，我們四人A房的要睡在一起。

還記得 Kenneth 嗎？最開始的那一群朋友。當大家陸陸續續都找到第一份、第二份工作之後，隨著工作地點的移動，很多人都漸漸再也沒有碰面了。就這樣一直到我在澳洲的最後一天，好不容易跟還在柏斯的他約了見面，但我卻在趕飛機之前，還有半天的工作要交接，甚至還要去稅務機關辦理退稅跟處理一些離開澳洲的手續。Kenneth 卻說沒有關係，最後一天他就只是陪著我。包括我還在咖啡廳裡忙的時候，在稅務所填資料的時候，甚至跟他的最後一頓午餐，我都還忙著在打電話。

他也沒有多說什麼，只是靜靜坐在那裡，靜靜坐在旁邊，靜靜坐在對面，拿著一台單眼相機一直拍著我。他說要幫我把在柏斯最後一天的身影保留下來。

Jacob 早就離開去農場了，Hwan 送了一份提早的生日禮物過來，陪我走了一段回家的路，他告訴我一定會來日本找我。「199 share house」的室友們一起在公車站牌陪我等公車，表妹為我煮了一頓非常豐盛的晚餐，還跟表弟、小表妹一起送我到機場，直到上飛機。就是這樣一群家人、朋友，豐富著我在澳洲生活。甚至到了日本，我都還受到 Ken 的照顧，從 Ken 的手中拿到 Andrew 託他轉交的信，信中充滿感謝與回憶。總是一貫任性姿態的我，在對待這些家人朋友們上，並沒有做得很好，但生命中總是能遇到這麼好的一些人，願意包容我而沒有離開。

一生一次的壯遊確實沒有什麼了不起，也不會因為多了這些經歷就可以自帶光環。差別只是在於擁有一次機會重新選擇自己，選擇自己的個性、身分、際遇。沒有既定的枷鎖、沒有刻板的印象，對大家來說是全新陌生的你，可以再一次定位自己。怎麼伸展自己的雙臂、如何勾畫未來的藍圖、想要跟別人牽起什麼樣的網，一切都掌握在自己手裡，這樣主動的權利，是打工度假最值得的冒險，也會是人生最珍貴的養分。

澳洲著名的巧克力工廠。

在柏斯野生動物園（Caversham Wildlife Park）跟動物們拍照。

和表妹一家一起去度假。

澳洲美麗蔚藍的天空。

在咖啡廳的廚房，我一開始是負責做潛艇堡的工作。

漂亮的屋子內是酒莊，可以在裡面品嘗美酒。

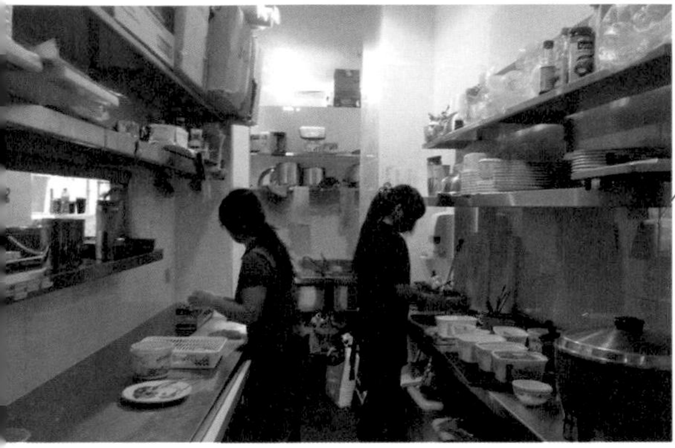

貼在咖啡廳裡的金三角合照。

跟咖啡廳同事一起在老闆家烤肉。

和韓國朋友第一次出遊，到了海邊。

第一次拉花成功。

這是我在澳洲的
第一群朋友。

好不容易找到加油
站，大家開心的開
啤酒慶祝。

日本料理餐廳的全體員工
照，有台灣人、日本人，
還有中國人跟泰國、印尼
人，是迷你版的亞洲國家
大熔爐。

幫 Hwan 慶生。

Hwan 跟 Jacob 是我在澳洲非常重要的朋友。

澳洲的海邊跟隨處可見的鳥。

自己搓湯圓。

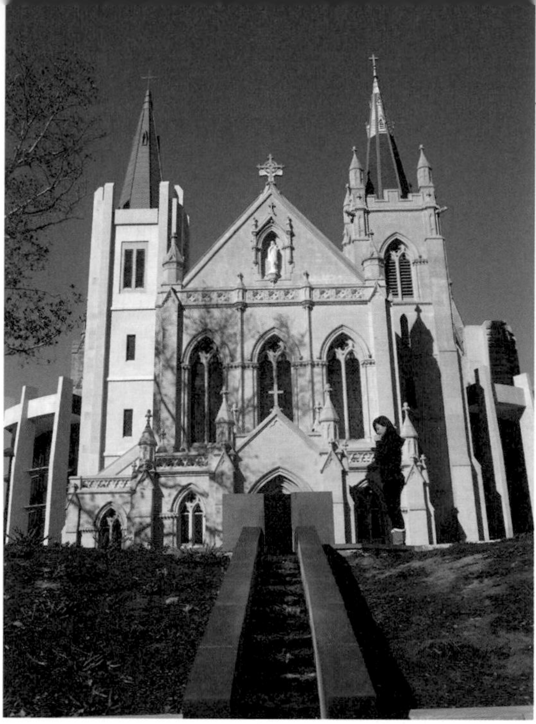

柏斯市中心的教堂。

Porongurup
國家公園
裡著名的
Balancing
Rock。

掛滿各國國旗的青年旅館。

咖啡廳四人組的克難小旅行，
是我離開柏斯最遠的一次。

在沉穩的教堂裡，即使是沒有信仰的
我也能得到寧靜。

柏斯著名的地標 Swan Bell，可以搭乘電梯到達最頂端。

西澳大學有著漂亮的校園建築。

走路旅行中的沿途小美景。

在西澳大學裡的草地上，我不記得今天做過了什麼，只想在微風中打個盹。

Swan Bell 的池塘邊，很多情侶掛上鎖鏈。

一年一度最熱鬧的 Royal Show 剛好讓我遇到。

嘉年華會園區裡，每天都是滿滿的人潮。

壽司店裡的包壽司工作。

Hwan 為大家煮的辣炒年糕，
非常美味！

show bag 就像福袋一樣，十分受小朋友喜歡。

我的送別宴與慶生會。

記錄著我跟室友們相處點滴的特製明信片，是最棒的離別禮物。

煙火是 Royal show 的重頭戲。

在草地上等待煙火秀，是澳洲打工度假最美麗的終點。

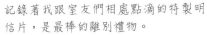

留學是為了更強大

— 日本 —

JAPAN

01

留學先從有錢開始

只要願意付出汗水，讓自己成為獨立的經濟個體，就可以不依靠任何人，也能為自己的下一步做決定。

一開始我就提過，這趟出來最重要的堅持，就是在過程中保持學習的態度，不管是學英文、學做人，還是學過生活。走到今天，包括菲律賓、土耳其、美國、澳洲，我已經停留過四個國家了，那麼下一步是什麼？就是我的終極目標——日本。

日本是我最想去的國家，但日語不好卻可能會讓我無法生存，所以在開啟日語模式之前，我認為把最強勢的第二語言「英文」學好，是一件很基本卻重要的事，為此我先去了一些英語系國家，最後才到日本讀書，實現自己的夢想。當初剛考上律師的時候，父母就承諾要讓我到日本遊學三個月。那時我邊寫碩士論文，邊補習了好一陣子的日文，但最後卻因故沒有出發，這在我心中一直是個很大的遺憾。

我曾經以為這一輩子，可能都沒有機會再到日本讀書，忙碌的工作也讓我幾乎把日文都忘光了。但把日文學好，是我一輩子的職志，從想當律師開始，我就立志要成為一位日文律師。在律師界，日文律師是很可貴的，雖然很多法律系學生在大一時都可能修過日文課，但真正有能力在工作上應用日語的卻很少。律師界可以說是人才濟濟，出自美國名校的更是多不勝數，但英文律師與日文律師的數量卻是嚴重的失衡，這跟美國只需要一年就可以取得碩士學位的高報酬率有關。在日本，要花上兩年才能取得碩士學位，甚至名校的老師還可能會要求入學前先當一年的「研究生」（有點像是旁聽生）。對於一位律師，要花上三年才能取得碩士學位的投資報酬率實在太低。所以就算台灣前三大法律事務所時常開出日文律師的職缺，但能夠真正放下一切到日本求學歸國的律師卻少之又少。因此，當一名日文律師成為我的一個願望，我想嘗試別人做不到的，而放下一切又是我最擅長的事。不論是幫自己加分，還是實現心底的願望，我都知道必須要到日本一趟。

當初會提早結束澳洲打工，除了想銜接上日本語學校的開學時間外，更重要的一點是，我應徵上了一份打工換宿的工作。這份工作由一對在日本的台灣夫妻提供，他們因為經營網拍與代購的生意而需要小幫手，雖然沒有支薪，卻可以保證不會露宿街頭。還沒有為房租規畫任何一筆錢的我，被這份突然的工作機會深深吸引。加上當時心境上的變化，有股聲音不斷告訴自己：是時候了，應該離開澳洲了，在這裡所經歷的一切，不論是身心的成長，還是金錢的重量，都已經足夠了。因此，不管澳洲的薪水再誘人，我只知道應該繼續往前進。即使那樣會讓剛到日本的我，口袋裡僅有就讀語言學校的學費，還有只能短暫支撐幾個月的生活費。但我仍舊毅然決然地改變計畫，離開澳洲。

就像過去到任何國家一樣，我帶著簡單的行李（這次多的是一整箱的書）、微薄的錢包、同樣赤誠的勇氣、不變的冒險心情，奔向在日本的新人生旅程。而這一段又會得到什麼呢？我只知道我想成為更強大的人！

還記得那天天氣很好，舒服的十月十六號。我在大阪下了飛機，住進「惠我之莊」。那是一個靠近市區的近郊，連快車都不會停的小站，卻很有日本的味道。與京都的傳統氛圍不同，而是一種寧靜日常感。

這個家非常大，有個明亮的大客廳，規畫出六間房間。除了房東一家住的和式房與工作室之外，加上我總共有五個房客。一位已經從打工簽證轉為工作簽證的台灣男生，一位在語言學校就讀的香港姐姐，還有兩個同住一間房一起來打工度假的同學，再加上身分不明的我。拿著觀光簽證，錯過十月語言學校入學時間，只能等待一月開學的我，真的是身分不明。但我卻不後悔提早離開澳洲，而在開學前提早兩個半月來到日本，也不會是蹉跎光陰，因為老天爺自然有安排。

在開學前，我擁有一段很完整屬於自己的私人時間。這段時間裡，我認真的複習日文，還有熟悉日本的生活環境。很少離開家到很遠的地方，連最期待的外出散步，也僅是到附近的超市買東西。對那間超市的記憶至今還很清楚，每天早上十點開門，六點就打烊，跟附近一過天黑就寂靜得像深夜的住宅區擁有相同步調。我總是花很多時間在逛超市，思考要買什麼東西、要煮什麼料理。乾淨簡單的貨架上，其實並沒有販售很多商品，東西少少的，卻都很新鮮。我常常會買一袋米，在自己的小房間裡煮一杯，就可以吃上一整天。配菜是炒高麗菜、煎鮭魚，偶爾來個咖哩飯。日本的東西雖然貴，但自己煮卻可以省下很多，而且每天想著今天要做什麼料理、應該把什麼食材吃掉、明天超市什麼東西會特價，這些僅僅是維持生活基本所需的事情，就足以讓我的每一天不會無聊。秋天的日本真的很漂亮，周圍就像日系的畫報一樣，淺淺的、霧霧的、香香的。那段從超市回到家的短短路程，我總是可以走得很緩慢。我想，人的心真的跟生活環境緊緊相牽，這個時候的我擁有的資源最少，卻可以活得最浪漫。

漢堡跟可樂是房東家的一對兒女，那時候哥哥漢堡才三歲，妹妹可樂才一歲多，正是小朋友最可愛的年紀。我每天很重要的一件任務，就是兼任兩位小搗蛋的保姆。日本有種腳踏車叫做「媽媽查理」，我也不知道為什麼他們會稱呼那種最普通的，前面有裝籃子的腳踏車為「查理」，在「查理」的前面或者後面的位置裝上小孩專用的座椅，就會變成「媽媽查理」。大街小巷都可以看到日本媽媽騎著「媽媽查理」載著小朋友出門。房東家也有一輛，而且是最極致化的「媽媽查理」——前面能載一個小小孩，後面也能載一個小朋友。我最了不起的時刻，就是七手八腳地把妹妹裝在前面小椅子裡，再把動來動去的哥哥拴在後座，然後用強大的平衡力，把兩個小孩送到公園去玩。其實我很擅長騎腳踏車的，但騎「媽媽查理」載兩個孩子真的不是一件很簡單的事，尤其還是載別人家的孩子，更有莫名的壓力。每當要回家的時候，我還得抱著妹妹、追著哥哥跑。記得有一次碰上附近小學下課，我被在公園裡玩耍的小學生們團團圍住，因為他們一致認為我需要幫忙。當時我幾乎不會說日文，他們就推著一個日菲混血的小朋友要他當翻譯。好笑的是，那個小朋友哇哇大叫的說：「我不會說英文啊。」最後他們竟然把學校的老師找了過來，年輕的男老師氣喘吁吁地跑來用生澀的英文問我，我只好回答可不可以幫我抓一直躲在遠處玩耍的那個小男孩。

工作以外的私人時間，我會複習從台灣帶來的日文教科書，把過去學過的單字重新再記憶一遍。但我最喜歡的還是午休時間，躺在床上，看著陽光從窗戶外灑進房間裡，讓最喜歡的音樂重複播放——是韓劇《你為我著迷》裡面鄭容和演唱的〈因為想念〉，旋律很美，有著淡淡的憂傷卻不感傷，跟我當時再度離家的心境吻合。我可以一直不斷重複播放，讓說不出口的想家思念找到出口。

這樣的生活步調簡單卻很滿足。只是單純過後，往往又是一段刻苦的過程。這就是我無法擺脫的宿命輪迴。很多辭掉工作的留學生，應該都會像我一樣，無法放棄擁有固定收入的社會化生活。單純運用存款過活，即使在節約上付出了努力，仍舊會帶有不安的罪惡感，懷疑自己是不是已經成為社會的米蟲。因此，進入到語言學校後，我也順利取得打工的資格，是時候該走出去了。

室友靜是拿著打工簽證到日本的台灣人。她在一間麵包店裡打工，負責的是廚房做麵包的工作。不知道是因為麵粉比較好，還是水質比較好，日本的麵包就是特別鬆軟好吃。即便是土司，我覺得都非常香，很有味道。知道靜在麵包店打工之後，讓我也躍躍欲試，因為她打算提早回到台灣，就幫我應徵這份工作，讓我可以接下她空出的職缺。這間餐廳是複合式的麵包店，前面陳列著一排排的麵包，後面則是一整間的用餐區。就像是一般的咖啡廳一樣，提供專業的咖啡，但麵包更新鮮、種類更多。而我就負責廚房的工作，每天要在早上九點前出爐一批麵包，等到中午再出爐另一批。

第一次上工，看著穿上廚師服，頂著高高廚師帽的自己，覺得還挺有模有樣的，但雖然說是麵包師傅，其實大部分的食材都是由中央廚房提供，送來的都是一份份已經秤量好的麵團。我的工作就是把麵團揉開、發酵，再鋪上內餡。內餡的部分是由我做調配的，但都是已經準備好、洗乾淨的材料，再加上計算好的步驟跟調味，其實一點都不難。雖說不困難，卻是很辛苦的工作，什麼時間點要到什麼步驟都是固定的，如果一個失誤，發酵好的麵團就來不及進到烤箱，也沒辦法準時出爐。而且不僅要在冰冷的台架上揉麵團，烤盤的重量更是我最無法承受之重。另一位廚師是個大男生，他總是能夠很輕鬆的用雙手舉著兩個烤盤進行工作，我則是不管再怎麼練習，永遠都只能一盤一盤的慢慢端。

從一開始有靜在旁邊一步步教學，到後來能獨自一人完成全部的工作，我花了至少一個月的時間。連學習力如此旺盛的我，都需要付出這麼多精力，可以想見做麵包真的不容易。尤其是每款麵包都有不同的形狀、不同的材料，要把各自的製作方法記清楚，前一天還不能忘記做好準備工作，真的很不容易。如果發生奶油忘記退冰，或是烤爐一個不注意，我可能就會毀掉當天一整批的麵包。一個包錯的潛艇堡，跟兩大盤烤焦的麵包，孰輕孰重，就代表澳洲咖啡廳的工作，跟日本麵包店的工作，在我心頭上所賦予的壓力差距。

麵包店的工作是從早上六點半到下午一點或是三點，端看每天人力的配置，工作量也是高高低低。但不管怎麼安排，廚房的工作就是比外場辛苦很多，所以如果當天遇到善良的外場妹妹，在店裡清閒的時候，她們就會主動進廚房來幫忙。可是當時的我幾乎不會說日語，即使她們很親切也很熱情，我們還是無法有更多有趣的對談，相看兩無語的尷尬，我真的寧願她們放我一個人在廚房裡自生自滅。

當日本慢慢進入冬天，水變得很冰，空氣又乾燥，雙手更是變得粗糙不堪，舉烤盤的兩根食指，都被烤盤磨出一層厚厚的死皮；再加上烤盤上的油垢，讓我不管再怎麼清洗雙手，都會一直有髒髒的汙垢卡在死皮裡。看著這雙歲月的雙手，總讓我想起過往曾抱怨過的澳洲打工度假生活，原來生活的挑戰真的沒有最艱辛，只有更艱辛而已。

隨著語言學校開學，我的上班時間被調整到中午十二點結束，好讓我能銜接著去上下午一點開始的課。五點放學後，我也應徵上了另一間麵店的工作，這份工作也是另一位台灣室友介紹我去的。為什麼我還需要第二份工作呢？因為我把打工換宿的工作辭掉了。打工換宿的工作雖然輕鬆，但每個月需達到的工作時數，其實換算下來不到外面打工時薪的一半，再加上必須隨時待命，讓我無法自由調整時間，要時常心繫工作而不能自在決定每天的行程。因此，我增加晚上在麵店的打工來支付住宿費，再用麵包店的薪水來因應學校的學費，總算可以放心，從此應該可以收支平衡了。

不知不覺中，冬天悄悄的到來，終於迎來了初雪。在室友的吆喝下，大家一起穿著睡衣衝到屋外興奮地欣賞在日本的第一場雪。雪花真的是漂亮完整的立體結晶，掉落在手上也不會融掉，我小心翼翼地捧在手掌心，十分驚喜地看著這樣美麗的小東西。那時的我還不知道，下雪的喜悅，將迎來更苛刻的生存環境。自此之後，每天早上六點半麵包店工作，要迎戰的不僅僅是早起，還有要在六點天未亮時，於大雪中出門的勇氣。

曾經有職場上的台灣朋友跟我抱怨她連續十六天出勤，我驚訝於公司怎麼會讓她上這麼多天班，搞清楚之後才知道，原來她也一樣有兩份工作，兩份工作加起來，讓她連續十六天不能休息。我突然靜了下來，想了一下自己有多久沒有休息了？麵包店早上六點半上班，中午十二點下班；接著語言學校下午一點上課，五點下課；再到麵店六點上工，晚上十點下班回家。兩份工作都不是一連七天不間斷的上班，但卻沒有同時兩份工作都休息的時候，我有超過半年，甚至更久的時間天天連著出勤。聽起來很可怕，但說真的卻一點都不可怕，甚至完全不會讓人留意到，我就這樣在不知不覺中，變成了打工女強人了。我想，這是因為在日本的生活不僅僅只是打工，同時也在學校學習，不同於澳洲時的目標不夠具體，在日本的我不再只是追逐著夢想，而是真實地處於在日本讀書的美夢裡。

我想告訴害怕出國的廣大青年學子們的，就是踏出第一步，從讓自己有錢開始。不用因為害怕留學會花到爸爸媽媽的退休金而卻步，其實世界上有很多方法能找到出路，需要的只是咬牙撐下去的骨氣而已。只要願意付出汗水，讓自己成為獨立的經濟個體，就可以不依靠任何人，也能為自己的下一步做決定。我在家也是爸媽用心保護長大的公主，會抱怨、會心酸，會覺得辛苦好像沒有盡頭。但我也期待收穫、期待成長，清楚知道值得的事情從來都不容易，而且可以支撐你一直堅定的走下去。

所以，請繼續讀著我接下來的故事，跟我一起提起勇氣吧！

02 誤入留學之途

一心想追趕上他的我，下了一個重大的決定，不僅僅是從語言學校畢業而已，我也想要考上日本的大學院！

在日本的語言學校是透過網站上的資訊找到的，沒有接受仲介公司的推薦，我擔心如果去到仲介公司所推薦的學校，多半都會有很多的台灣人。就像在菲律賓一樣，已經大費周章的來到日本，我不希望還總是置身在台灣人的圈子裡。就這樣我來到全校有一半是韓國人，另一半則是中國留學生，以及少數的越南學生的日本語學校，這裡的台灣學生真的非常稀少。我從 C4 班開始上課，其實就是從最初級班數來的第二級，這對我來說是很大的屈辱，因為在台灣我已經學過了好一陣子日文，文法程度也絕對超過初級，但學校在分班的口試時，很明顯的是用口說能力來判斷，誰叫我就是不敢開口說日語呢！

最初的 C4 班是跟我感情最深厚的班級，大多數的同學都是從最初級班一起升上來的，所以彼此都有些認識，唯獨我是一個全然陌生的人，不會說日語，甚至還常常會蹦出英文來。但奇怪的是，每個人都非常的友好，對我沒有絲毫的距離感，尤其班上有幾個女生常常聚在一起，也都會拉著我加入，特別是兩個韓國女生金 sodam 跟鄭圭玹跟我交情特別好，我們會一起在她們住的學校宿舍裡，外叫韓國炸雞到房間裡吃，並大聊班上同學的八卦。

金 Sodam 跟鄭圭玹都是來日本打工度假的韓國人，所以她們倆很快就離開學校，就在我以為就要孤單一人時，遇到了 Ura，一個我覺得最有學日文天分的女孩。她到學校只待了一個學期，就打敗我們同期中那位一路從初級班到高級班的永遠的第一名。Ura 的個子很高挑，披肩的黑長髮，白皙的臉蛋加上紅唇，是十足標準的韓國女孩。但她卻對我特別有興趣，不僅會主動約我去讀書，還會到我家一起煮飯吃。我發誓我絕對不是客套，她在日本的克難環境下做的簡易泡菜，是我這輩子吃過覺得最好吃的。

在日本語學校的期間，我還是很習慣跟韓國人親近，除了因為韓國同學比較多之外，在菲律賓的遊學也讓我練就一身很容易就和韓國人打成一片的本領。Ura 就曾跟我說，如果不是因為我跟她說著不一樣的語言，她常常會忘記其實我是台灣人。她以為她到日本是來認識日本人的，卻沒有想到交到最好的朋友竟然是台灣人。而且她從來就沒有想過要了解台灣，但自從認識我之後，讓她真的很想到一趟台灣，想看看我成長的地方。因為這件事我想我也可以算是另類台灣之光。

在課堂上韓國同學們用韓文聊天時，我也可以很自然地在旁邊附和，讓他們很驚訝我怎麼知道他們在說些什麼。我想這就是一種語感，在菲律賓學校的耳濡目染下，竟然聽不懂也能猜出他們在說些什麼。即使到後來學校裡的台灣學生越來越多，他們也會聚集在一起行動，形成一個很大的台灣人集團，但我就像是邊緣人一樣，還是喜歡這樣只是單純的跟幾位外國朋友簡單的交往。不是排斥任何人，而是很珍惜能在國外和外國朋友們深入交流的機緣。

就跟在菲律賓遇到的韓國人一樣，韓國同學普遍作風都比較強勢。班上有幾位越南人，日文的程度比較不好，常常會在課堂上說母語，也因為越南語發音的關係，他們說話方式比較大聲，又很難理解，班上的幾位韓國歐巴甚至會大聲叫他們安靜一點。我常常會因為這樣的態度而不高興，因為我很喜歡這些越南同學，雖然他們說日文的發音很難標準，卻很可愛，常常把我弄得很開心。日本的高收入對越南學生來說是很誘人的，雖然能夠來到日本留學的人普遍家裡經濟狀況都不會太差，但比起來學校上課，他們更喜歡把精力花在打工上。往往因為打工時間太長，來上課的時候都提不起精神，不是遲到，就是很容易打瞌睡。我旁邊就曾坐一個越南學生，因為功課不好已經留級很多次了。成績很不錯的我，就很希望自己能夠多多幫他。但很快我就發現他對於學習一點興趣都沒有，只希望賺很多錢。他常常利用下課十分鐘衝到樓下便利商店買東西吃，會問我要不要點什麼，我都說不需要，但他永遠會記得幫我帶一顆漢堡回來。

還有跟我感情最好的Anh，她跟其他的越南人完全不一樣，年紀很小，但每天都會穿的很漂亮，幾乎不跟其他越南人混在一起，也沒有其他國家的朋友，大概就數我跟她有最多的往來，這也是有原因的，因為我從初級班讀到高級班，如果不是因為最後她被留級，不管再怎麼分班，我們倆一路都是被分在一起。也因為這難得的緣分，所以我跟她感情最為融洽。她就像普遍有錢人家的小孩一樣，帶著嬌氣，跟我說越南這個國家的北方跟南方不一樣。北方有錢，像她就是住北方（河內）；提到學校的其他越南人都是南方來的，就露出不置可否的表情。這大概就是她不跟其他越南人往來的原因吧。我從來就不打算糾正她這會歧視別人的小偏差，甚至看她不懂事的驕傲小臉只覺得有趣，因為這麼長久的相處，早就明白她有著怎樣單純善良的個性，只是需要一點時間長大。

這個學校開啟了我正式在日本的學習生活，對於能重拾課本真的非常期待，也格外珍惜。但說真的學校離家裡非常的遠。除了要坐約二十分鐘的電車外，還要再走約四十分鐘的路，而打工的地點就剛好在電車下車的地方。所以我早上從麵包店下班後，要趕四十分鐘的路程去上課，晚上麵店下班後，再搭電車回家。等到一切準備就緒，洗完澡收拾好之後，大概晚上十一點，才能好好地坐在書桌前讀書。在一點上床前的兩小時內，我會充分把握複習學校的功課，至於作業，我通常在學校的下課時間或空檔就會完成。這樣忙碌的行程沒有讓我耽誤念書，相反的我更珍惜每一寸的光陰，也不會作為翹課的藉口。在語言學校的一整年，除了爸媽來日本，請了一天假一起去旅遊之外，我沒有錯過任何一堂課。既然是自己選擇的學習道路，就要負責任地走完，這是我對自己最低的要求。

進到語言學校半年後，我就考過日文二級檢定，我對這樣的進步很滿意。按照計畫，我希望能在日本待滿一年，而在這一年的時間內要把日文能力補強，尤其是在口說的方面，希望能達到在工作上也能運用自如的程度。但很快地我就發現這是不可能的事，除了語言學校在課程進度的安排上，一年之內也僅能讀完日語中級的課程外，我想應用在工作中，也就是所謂法律日語的程度，根本是超出我想像的高很多。所謂法律，就是運用最精銳的文字，去描述出最低誤差的規則，是語言的最高精髓。我怎麼就忘記法律日語，同樣的是位在日語能力的最高階層呢！

當認知到自己有多麼天真時，我非常沮喪。就算在語言學校待上兩年，也許都無法真正觸及到法律日語的門檻，這表示我可能無法達成在日本的目標了。就在這樣彷徨的時刻，一個對我而言，在日本的人生中很重要的人物登場了，他就是金玧昊。

聽名字就知道金玧昊是韓國人，他是語言學校裡一個非常傳奇的人，因為他從初級班開始，就一直是全校的第一名。他的強度大概是這樣的，如果第二名總分是拿三六八分的話，他就是拿三八七分的那個第一名。我會知道他是因為Sodam的介紹，自從Sodam知道我是法律系專業之後，就不斷地跟我提到她的這位歐巴。根據她的描述，這位歐巴也同樣是法律系畢業的，而且出身自他們韓國很棒的「慶熙大學」。她認為我們兩個人非常適合，因為我的個性很好，而她的這位歐巴的個性也很好，她跟我掛胸脯保證，這樣性格的男人就算在韓國也是很稀有的。

我當然沒有接受Sodam的撮合，甚至根本想不起來跟金玧昊第一次認識究竟是在什麼場合。但學校不大，尤其同一等級的我們很難不在學校的哪個角落碰頭。我形容一下他的外表，他是個皮膚很黝黑的人，跟普遍皮膚白的韓國人很不同，但同樣有著很壯碩的身材。圓圓的眼鏡，背著很大的後背包，你會以為他是個棒球員，結果卻是一個書呆子。常常可以看到他埋首在整齊的書堆中，總是習慣把書擺放得很整齊，在自習室中劃出自己的空間專心的念書。他有兩個死黨，因為是同個教會的關係，幾乎無時無刻都走在一起，但他是最認真的學生，因為他來日本的目的就是為了升學。

我已經不記得我們的第一次接觸。只記得有一次我們同時間在自習室讀書，他拿著三合一咖啡要去沖泡，我感覺有人在看著我，抬起頭時剛好對到他的眼，他比比手中的咖啡示意的問我要不要喝，我點點頭表示好。那是我們第一次可以稱得上變成朋友的時刻。因為他是拿著兩杯咖啡，特意的等著我。從此之後我們很常在自習室遇到，他的兩個死黨都跟我同班，我們也成為了很好的朋友。透過偶爾聊天的機會，我漸漸了解他這個人。司法考試的失敗，讓他覺得很失意，大學老師就建議他到日本留學。透過老師介紹，他以考上神戶大學的大學院（研究所）作為目標來到日本。而為了感激老師的提攜，他比任何人都認真念書，不僅重頭開始學日語，更奮力追上進度。他的主修是法制史，常常拿著即使是看得懂漢字的我，都覺得內容太過深奧的法制史書籍，在課閒時就會一本一本的，要求自己要慢慢地讀懂它。

漸漸地，我被他認真的身影所迷倒，所謂英雄惜英雄，認真上進的我見到比我更認真上進的人，就是「崇拜」而已。一心想追趕上他的我，下了一個重大的決定，不僅僅是從語言學校畢業而已，我也想要考上日本的大學院！我相信，是因為有升學的壓力讓他如此努力讀書，也許我就是缺少了一個更立即的目標。不是單單「我想要日文變好」這樣抽象的想望，而是一個更具體的門檻能讓我想跨越。如果我立下了也要考上大學院的志願，那我就得要跟別人競爭，而不是像學英文一樣，僅僅讓自己讀的很有樂趣而已，我必須再給自己更多壓力讓日文更強。除了這個令人振奮的理由外，無法否認的，我心中還有一個很花癡的理由，我想我是喜歡金玧昊的，我想跟他走在一樣的道路上，更不想要輸給他！

現實的問題馬上就席捲而來，我沒有錢付學費怎麼辦？所謂天助自助者，這真的不是騙人的。在這時我大學同學化身為天使來告訴我，他是怎樣靠獎學金讀到博士班畢業。

在台灣，任何想到日本留學的學生，都一定知道「交流協會獎學金」，其實它是日本政府提供給任何跟日本有邦交國的一筆很豐厚的獎學金，在別的國家會稱之為「文部省獎學金」（文部省相當於台灣的教育部），但因為跟台灣沒有邦交，因此就有了這個交流協會。「交流協會獎學金」在台灣的選拔非常嚴苛，必須要先考一個日本留學試驗，再經過面試選出優秀的學生。每個拿到「交流協會獎學金」的學生都是非常優秀的，難度跟台灣的公費留學相當，是我在台灣時連想都不敢想的。但特別的是，「交流協會獎學金」在日本也有選拔，只從已經在日本就學的台灣留學生中挑選，不但不需要考留學考試，也不需要面試，單純就從你的資料背景及研究計畫中做判斷。我的天使同學告訴我，連他這樣沒有工作背景的人，只要擬好自己的研究計畫，都順利的申請到這筆獎學金，像我擁有當過律師的條件，一定更容易拿到。這些話就像及時雨一樣拯救了我，因為「交流協會獎學金」不僅負擔全部的學費，每個月還會支付約十五萬日幣的生活費（費用依各年度預算不同，會有所變動），讓留學生可以無後顧之憂地念書。這樣優渥的條件，讓我更加堅定自己的決定，只要我能咬牙撐到入學，我一定可以拿到這筆救援金！

自從下定決心之後，我更加努力在加強日文。除了學校的功課外，我還要準備自己的研究計畫，要念很多很多超過我日文能力範圍的論文。每當我覺得讀得有點累的時候，我都會記得有一個人跟我一樣在努力著，金玧昊變成我心中一個安定的力量。成熟穩重的性格跟低沉的嗓音，常常會讓我忘記他年紀比我小了三歲，我就像依賴哥哥一樣，在心靈上很依賴他。也因為有相同的目標，我們有很多互相支持的機會。漸漸的我越來越難忍受我們僅僅是一起努力的朋友，我想要讓他知道我的心意。

就在三月迎來櫻花的季節，我真的很想要跟他一起去賞櫻。於是用 Line 邀請他一起去看櫻花，但他很長的時間都沒有回覆。這對其實心懷不軌的我是很大的煎熬，雖然我只是邀請他一起賞花，卻自己想像等於是他對於我的心意的回答。我覺得他回覆這麼慢是想拒絕我而在找理由，就等不及自己先回覆他。我誠實告訴他，其實我是因為喜歡他才想邀他一起去看櫻花的，如果他不願意可以拒絕我沒有關係。沒多久他就回覆了，告訴我沒有想到我會激動得寫出這些話，讓他很震驚，也覺得是因為他太慢回覆的關係而感到抱歉，但現階段的他想專注在功課上。這樣委婉的說明讓我知道自己失戀了，我簡直羞愧得無地自容，真的是後悔莫及。

更尷尬的是，在接下來的升級中，我們被分在同一班。期待了多少次都落空，竟然在這個時間點被分在同一班，老天爺是在戲弄我嗎？還好我們沒有被分配坐在隔壁，不然我一定會臉紅到被發現。但老天爺不是這樣就算了，因為升學班跟非升學班會有特別的授課，要在固定的幾節課到指定的教室上課，我們因為同是升學班就又被分在一起。到教室報到的那天，我先入座，而他進到教室的那一刻馬上就看到我了，在班上沒有其他更熟朋友，而我旁邊座位又是空著的情況下，他硬是坐到了我旁邊的位子。我長歎了一口氣，告訴自己不要臉紅，拜託不要臉紅，什麼大風大浪沒見過，拜託不要因為告白被拒絕而臉紅。

還好漸漸的我們之間沒有那麼尷尬了。我在看到他包包裡掉出防曬油的時候笑了出來，我問：「你還需要擦防曬油喔？」他說：「對啊，我這個黑度是有用防曬油在維持住的喔！」後來才知道，他其實不是一直都住在首爾的，小時候住在鄉下，是真的需要劈柴燒火的鄉下，所以才會曬得一身黝黑，也沒有再白回來。我們就這樣坐在一起，在老師的指導下一起討論升學方針，一起撰寫研究計畫書，討論研究內容，同樣是法律專業的我們討論起來真的很輕鬆，很有共鳴，也分享了很多彼此國家的法律考試制度跟就業環境。

但他在最後還是突襲了我，在我覺得處於這樣好朋友的輕鬆狀態下也很棒的時候，他告訴我他要申請秋季班的神戶大學研究生了。一般來說，我們都在春季班入學，但他提早入學，想爭取多一次的大學院入試機會。這個消息來得太突然，突然到我覺得自己就像被丟棄了。簡直比當時告白被拒絕還難受，我以為我們至少可以一起陪伴到各自升學。但他決定的比我早，意志比我堅定，就超前一步越過了我。

還記得結業式那天，老師要他到台前跟大家說再見，我起哄著讓他唱歌，因為一直聽說他有很棒的歌喉。他慢慢地唱了一首詩歌，最後用很誠懇的話語，祝福在場的每一個人，希望大家都能實現自己的願望。我後來在樓梯口遇到了他，握著他的手，跟他說再見，告訴他真的很開心能夠認識他。他一把摟住了我，真心的跟我道別，在耳邊告訴我，要我也加油，一定要順利升學。

我們偶爾會通電話，在他第一次搬進宿舍時，在我寫不出研究計畫書時，在他正式考上院生時，在我突然寂寞襲來時。我們偶爾也會見上一次面，但在見面前的聯絡，開頭的內容通常就是「我們又該見面囉」之類的話語。生日的時候，他特地回到大阪，幫我跟另一位同學一起慶生。各給了我們一份禮物，但我卻多了幾樣，他對另外一位女同學說：「這個女生特別會吵，所以我送她比較多，妳也不要跟她計較。」

再之後我也完美地走向下一個旅程，但他已經不在身邊好久，卻又好像一直都在，變成了一個隱形的、很溫柔的存在。

03

如何選擇自己的專業？

我放下已經學了很久的傳統基本法，嘗試在新的領域裡尋求新鮮的議題，我猜測這樣會比較容易找到想研究的主題。

我的升學好像變成一種追求愛情的手段，但升學的決心卻沒有隨著愛情的熄滅而停止，相反的，也許要了一陣的花癡，只是給想繼續升學自己，找一個很棒的理由。

我跟金玧昊一樣都是先從當研究生開始。在日本有一種很特別的入學制度，叫做「研究生」，跟台灣的研究生不一樣，台灣的研究生在這裡稱作「大學院生」，而這裡的研究生比較像是一種旁聽生，讓還沒有正式通過考試成為院生的人可以先行入學，跟一般生一起上課，跟在老師身邊學習，只是沒有正式的學籍。這類的研究生在頂尖大學比較常見，因為日本的大學院是真正的師徒制，指導教授接受了你這位學生，你就正式進入到老師門下，老師永遠都要為你的成就負責，你的表現也代表了這位老師成就的一部分。所以教授們在選擇學生時，為了確保能夠收到他想要的學生，比較謹慎的會要求先成為一年或半學期的旁聽生。而對於學生來說，先成為旁聽生，比直接參加入學考試，錄取機會相對來得高。因為在日本，教授位高權重，比起筆試成績，老師願不願意收你這位學生，往往是最後決定的關鍵。而當一年研究生，不僅可以給自己也給老師認識彼此的機會，更是像我這樣普通資質的學生，爭取進入一流大學的翻身之途。

申請研究生跟一般的入學考試不同，每個學校的研究科都會有自己的研究生制度，有的跟一般生一樣時間入學，有的一年會招生兩次，也有學校每個月都可以申請。雖然是透過學校申請，但最困難的一關是要經過老師同意。因為研究生是要經過指導教授特別同意而招收進來的學生，所以沒有筆試也沒有特別繁雜的申請資料，最重要的是要取得老師的認可。而要取得老師的認可，就有一套程序必須要遵守。首先，要先定好未來想研究的領域跟方向，最好是有明確的題目，再寫出一篇自己覺得很滿意的研究計畫書。準備好之後，就可以開始跟老師聯繫。日本的大學很多，但老師的專業領域跟過去發表過的論文，都會有很完整的履歷攤在學校的資訊網頁上，要先鎖定想進入的學校，再從中找出跟自己的研究內容最符合的老師。當然，也可以先鎖定老師再決定研究內容，但一定要選擇自己真正有興趣的主題，不然未來的研究生涯會很痛苦。雖然說也不是沒有變更主題的機會，但改變自己的研究領域必須要有能交代的理由，如果貿然地隨意變化來、變換去，也容易讓人對你的專業度打折。

決定申請研究生後，最關鍵的一件事，就是要選擇自己的專業。我選擇念國際法。決定念國際法真的是一個很長的故事，雖然考慮的時間不長，但心路歷程卻很曲折、很糾結。在台灣，因為國際地位還沒受到普遍的承認，念國際法有點像是自殺式的行為，大部分的人都說國際法沒有用，沒有機會用到的法律我卻念它？雖然現在台灣的司法考試有把國際法列入選考科目，我的未來似乎仍然有機會一片光明，但在當初選擇的時候並不知道，所以是完全沒有考慮到這一個環節的。那我又是為了什麼念國際法呢？甚至到現在每當我要在書包裡放進一樣厚的三寶時（國際法條約集、小六法、日語辭典），我都會再一次的問自己究竟是為了什麼念國際法？到底是哪裡來的自信跟勇氣念國際法的呢？

其實理由非常簡單，跟我本人不追求卓越，只追求走在卓越路上的理念非常一致。在日本，大學院要培養的是你的「研究者性格」，不是像台灣的研究所偏向為將來的工作打下基礎，甚至是單純的只是增加找到好工作的條件。他們要培養你成為一個真正的研究人員，在專業的基礎上發現問題，研究並解決，是真正的為知識學問投注心力，而不是讓你來學的，你沒有東西可以學，你要本來就有東西，在你擁有的知識學問上，教你方法讓你更專精。想到這裡我真的很害怕，縱使念了八年的法律，甚至在律師考試時有下過苦心，但那樣的記憶性學習，並無法讓我有自信覺得在法律的某一個領域上，自己已經擁有足夠的基礎。

可以不夠優秀，但至少我要走在前往優秀的道路上，這是我的態度。可能沒有辦法拿到一百分，但我不能連去拿一百分的機會都沒有，因為我也許能夠有八十分，而我的八十分已經足以表示我有八十分的能力，去撂倒七十九分的人。所以我要去爭取那八十分，並且要在一百分的資格賽裡。因為我知道，如果是在六十分的戰場裡，那我就僅會是那五十分的人，依然沒有合格。所以，只有去挑戰更高，你才會知道什麼是更強。

我不想因為過去對法律的學習不夠深入，而錯過最後一次投入研究的機會，至少要在鑽研法律學問的優秀人群裡，擁有一次跟大家一起成長的機會。所以我的首要目的就是跨進那個門檻，一定要進入到頂尖大學裡——我覺得也許國際法是條活路。

國際法是什麼呢？簡單來說，就是針對國家與國家間所簽訂的條約（國家間的法）所做的研究，是近代才有的法學領域。它不像其它傳統基本法（如民法、刑法）一樣，因為發展了很長久的時間，所以累積了很多的研究，有著很深遠的法理。也就是說，進入國際法的領域，有沒有可能會比研究傳統基本法再簡單一點點？這也就是我選擇國際法的理由。我放下已經學了很久的傳統基本法，嘗試在新的領域裡尋求新鮮的議題，我猜測這樣會比較容易找到想研究的主題，而研究計畫書就有更高的機率可以完成，增加我的勝算。

所以我以國際法為專攻，並以過去我在台灣的碩士論文研究船舶保險的議題上，選擇以海洋法作為我的主題。在擬好題目，寫好研究計畫書之後，選擇學校與找老師就是最重要的事。我認為，學生本身條件很優秀，一定有很高的機率可以尋找到好老師，但條件普通的我，就需要一點運氣跟前輩們的幫忙。當初告訴我獎學金的天使同學，已經畢業回到台灣，我再次寫了一封信去請教他。

他除了介紹關西地區一流大學的排序外，最重要且幾乎改變我一生的是，他介紹了他的朋友給我。在關西地區，最好的大學就是京都大學，這所大學也是全日本唯一能跟東京大學相抗衡的，他希望我去挑戰看看，就把他所認識的京都大學畢業的朋友介紹給我。但這位朋友不是最關鍵的，因為他已經從京都大學畢業回到台灣了，所以這位朋友把自己還在京都大學念博士班，並且跟我一樣專攻國際法的同學引薦給我認識，而這位博士班學長就是我在日本的求學生涯裡，占有舉足輕重地位的京大學長 Min Min Yang。

這位學長的個性很撲朔迷離，我無法告訴你他是個怎麼樣的人，因為我認識了他這麼久，也無法判斷他真實的性格。他是個會把他豐富的研究經驗告訴你，卻不願意簡單回答你一個英文縮寫的意思，叫你自己去 google 的人。也是會堂堂正正跟你做學術上的討論，但在過了深夜十二點之後就會忍不住進入十八禁話題的人。但我唯一可以跟你確定的是，他是一個好人。雖然他是一個好人，但我依然不能確定他會不會因為我在書裡，直接公布了他的姓名而告我，所以我們就叫他京大學長 Min Min Yang 吧。初次見面的時候，他真的超級親切，不僅幫我把研究計畫書看過一遍，還提出了很多問題跟建議。最重要的是，除了京都大學之外、大阪大學、還有金玧昊所在的神戶大學，這些關西地區最好的幾所大學，他都跟我推薦了當中他覺得比較適合我的老師。

至於推薦老師這件事，為什麼對我來說這麼重要，因為選擇老師真的風險極高。在日本的文化下，同一間大學基本上只能選擇向一位老師提出申請。而同一間大學裡，同樣領域的老師可能有數位，但如果你向一位老師提出請求被拒絕之後，即使同樣研究科裡還有其他做相同研究的老師，你是不能轉向另位老師詢問的。因為像這樣有如退而求其次的態度，在日本的文化來講非常失禮，如果你被一位老師拒絕，就必須要放棄這整間學校。因此老師的選擇要非常謹慎，不僅僅是自己的條件、研究的題目老師喜不喜歡之外，當下老師的狀況也是必須要考慮的重點。如果一位老師手中已經有很多位學生，那他再收新學生的機率就會比較低，抑或是如果這位老師有出國做研究的計畫，或是即將轉任行政職，那他在短期之內收學生的機會也不高。如果因為這些非可歸責自己的因素，而被老師拒絕的話，那就真的很冤枉。所以類似這種不是自己實力可以掌握的問題，除了靠點運氣，就是要多方打聽，以降低這些不確定因素發生的可能。

要認識一位能大概了解各校老師狀況的人不容易，而學長就是有這樣能力的人。從研究生開始到博士班，他已經在日本學術界待了至少六、七年的時間，旺盛的研究能力，也讓他在課餘還參加了很多的研究會。在這些大型、小型的研究會裡，學長有很多機會跟各校國際法的老師接觸，也因為大量閱讀各位老師發表的論文，老師的研究領域他也多少都有了解。就這樣，我踩在學長的肩膀上，也大致認識了日本國際法老師們的背景，那讓我少走了很多路。很快的，就在京都大學、大阪大學及神戶大學中，我各自選擇了一位心儀的老師。而這當中，學長最力推的就是大阪大學的那位老師，他說在每次的研究會時，這位老師都會跟學生一起坐在最後面，如果請他坐在上位也總是客客氣氣的拒絕。除了是很親切的學者外，這位老師對台灣也有極大的興趣，做了非常多關於台灣的研究。學長說，雖然這位老師的研究距離我想做的方向最遠，但如果我向這位老師提出申請的話，同意的機會應該會最大。

我就跟這三所大學的老師寫信了。程序是這樣的，要先寫一封信自我介紹，然後詢問老師願不願意抽空看自己的研究計畫書，等到老師同意之後，再寄計畫書給老師過目。而寫給老師的信件，更是要非常的謙虛有禮，日文中有很難的敬語文化，在郵件中更是表現到了極致。我幾乎每寫一封信，都要拿給日語學校的升學輔導老師過目，包括簡短的回信，也都謹慎地請老師確認，以確保自己在信中的用詞是謙遜、誠懇的。而這一段等待老師回覆的日子真的很煎熬，每次開信箱都覺得像在看彩券開獎。

後來老師們陸續回覆了，京都大學老師告訴我，他可以接受研究生的申請，但他對自己的正式院生要求非常高，除了英語是基本的之外，法語也要跟英語一樣，口說與閱讀都要有相當的能力，如果不能在研究生階段讓自己達到標準，在正式的院生入試時也可能無法被錄取。果然是日本第二的京都大學呀，這表示我不僅要精通日語、英語、甚至是法語！但我只精通中文啊。神戶大學的老師就更具體了，他告訴我我的研究計畫所牽涉的議題，其實已經相當成熟，要再深入的空間不多，他推薦了幾個近年相當熱門的主題，並同時寄來三份英文論文讓我參考，要我在期限內再交出一份新的研究計畫書讓他過目，然後再做後續的討論。至於大阪大學的老師則來信表示，他認為我是一位優秀的學生，但他的專攻是武力紛爭法，與我想要研究的國際環境法有很大的距離。

我好像同時被三位老師拒絕，卻好像又沒有被拒絕。語言能力平平的我，直接放棄京都大學，馬上著手進行神戶大學老師要求的研究計畫書的修改。就在這個時候，一次跟鄭圭玹吃飯時提到老師回信的內容。她讓我把信給她看，看一看她就跟我說，她不覺得大阪大學老師的回信是在拒絕我耶，反而是在詢問我不是嗎？我馬上把信拿給日語學校的輔導老師看，經過老師的解說，原來真的是我的解讀錯誤。我以為老師說他研究的領域距離我的太遠，所以無法指導我，但其實老師是用一種謙虛地反問來表現，正確的意思應該是，他研究的領域跟我有很大的不同，我還是認為能夠讓他指導嗎？更白話的說就是，他可以指導我，但研究的領域很不同，只要我不介意的話。這位老師就跟京大學長 Min Min Yang 所描述的一模一樣，就連同意收我都是用這樣謙虛的語法來回答。

以結果來看，我的策略應該算是成功了。在這樣一個沒有深入接觸過的國際法領域，一個在台灣討論度不夠高的專業，努力的看書、讀論文，仍然遠遠不及應該達到的水準。寫出來的研究計畫書被台灣的老師評論不夠優秀，內容還有很多的不足夠，但是卻成功地選擇到了會有興趣的日本老師，從眾多的研究生申請中得到注意。在往來討論通信的過程中，老師們有批評，但更多的是提點，願意指引我更清楚的方向，讓我完成一份研究計畫的藍圖。而最終我也順利進入了日本一流的大阪大學，成為一位好老師門下的研究生。雖然還不是一位正式生，我卻信心十足。

這一段爭取進入到大阪大學當研究生的過程，我覺得就像是麻雀變鳳凰般的突破。我就是一個在台灣私立大學畢業的學生，當然這不是人生的挫折，但在研究的領域裡我確實是非常陌生，甚至連外語能力方面，都一直沒有考過日文一級檢定。以這樣的條件，進入一流的私立大學都有困難，何況是排名相當於日本第三的大阪大學。但我覺得我的態度很好，不會把自己的不足，拿來當作先否定自己的理由。選擇讀國際法像是一種遷就，但是更好的解釋是一種折衷，讓我自己在有限的條件下，正視自己的優缺點，先取得起跑的門票再調整自己的步伐。因為我一直認為優秀的標準不是絕對，可以彌補的方法也很多，重點是那股開始的衝勁，以及一定要達到目的的決心。如果評估自己的條件不夠好，那有沒有辦法想出更好的應對辦法，那種不願意失敗的企圖心很重要，而願意為了達成目標做出怎樣的付出與計畫更重要。

以我自己來說，我對國際法不夠熟稔，覺得國際法比較好考也可能只是我天真的想像，但這樣的想像讓我有充足的自信，這自信讓我沒有在一開始就放棄，更沒有讓我放棄念一流大學的奢望。因為第一步我就說服了自己我可以，認為目前為止的法學程度足夠讓我挑戰這新的領域。那第二步我就要考慮這樣的選擇有沒有讓我失去最初的目的。而我最初的目的是什麼？我想進入一流大學，跟一流研究人才學習研究者的態度，那念什麼法對我來說有沒有那麼重要？實務出身的我為什麼想要擁有這樣研究者的性格？理由是因為我認為律師工作就是一種案例的研究，要在不同的案件上，尋找更有力的法基礎去主張，這種尋找解答的工作就是一種研究。而日本人扎實的研究態度，正是我認為在實務工作上，更能增加我工作能力的一種有效態度。那念什麼法，老師專業的強項是什麼，對我而言就不是那麼重要了。

這是我決定專攻國際法的理由，帶點天真、很多想像、更多的是莫名的自信。但夢想最難的就是起步，要先登入帳號才有機會殺敵，才能進一步配備武器增加更多經驗值，所以我告訴我自己，給自己一個很好的跳板，先讓自己闖進第一關吧！

04

在「唐吉訶德」求生的日子

能有機會在這樣複雜的體系中，得到這些深刻的工作經驗我還是覺得很感恩，一輩子也都會肯定自己曾經從谷底裡爬起來。

進入阪大當研究生之後，並不代表我可以停止打工，相反的我還是要為研究生的學費操心。日本是個很公平的國家，它提供很好的學習環境，相對的要付出的代價（學費）也很高。因此，在拿到目標的獎學金之前，我還是要同時在讀書與打工間掙扎。為了取得兩者間的平衡，時間變得非常可貴，不僅要妥善做好時間管理，高報酬率的工作也是節省打工時間很重要的關鍵。這段時期的我，早已經把跟上課時間重疊的麵包店工作辭掉，除了麵店工作外，還必須要再找到一個時薪更高的工作。因此，我就進到了唐吉訶德。

唐吉訶德是大阪很著名的量販店，幾乎每個來過大阪旅遊的人都會知道，它有點像是discount shop，給人的印象就是商品都很低價，種類也非常齊全。但就像是大雜燴一樣，從家電到彩妝品、食品、甚至是情趣用品，真的是什麼都賣，什麼都不奇怪。但這間店是全日本規模最大的量販店，隨著日本開放外國人免稅後，身為免稅店的唐吉訶德更就變得更為知名。

第一次到這裡面試時，我的日文口說程度還不夠好，要到這樣全部都是日本人的環境應徵工作，其實心裡非常沒有把握，但因為開的職缺是化妝品區的補貨人員，想像是不需要使用太多的日文，應該是目前的我還能負荷的工作。還記得那是位光頭店長，在面試的時候看了看我的履歷，發現我過去在澳洲曾經有過打工度假的經驗，就顯得對我很有興趣。他請了一位將來應該是我主管的人來一起面試，那位主管只問了些很簡單的問題，就讓我回去等消息。結果第一天上班的時候，我發現自己跟其他一起第一天上班的人，領到了不一樣衣服。在唐吉訶德工作的員工，都有一套黃黑相間的 POLO 衫制服，但我領到的卻是一件白襯衫，還有一件黑色的背心。我問負責人事的人，制服是不是拿錯了，他說我的工作內容就是要穿這樣的衣服。

後來才知道這間店有一層樓比較不同，六樓是專門賣精品的地方，有手錶、包包、首飾，勞力士、LV 甚至是愛馬仕，都可以在這裡找到。在六樓工作的部門叫做「對面」，主要的工作內容就是跟客人面對面，直接販賣商品，所以服裝比較正式，有點接近專櫃小姐。聽說要到六樓來的普遍都要會兩種以上的語言，然後長相也不能太差。本來我應徵的是二樓化妝品區的工作，但在面試之後，決定把我放在六樓。這樣的決定，似乎是沒經過六樓主管的同意。第一次到六樓報到時，兩位主管都沒聽說有新人要來，加上我當時一口說不清楚的日文，根本無法正常溝通。主管馬上跑去跟店長確認，一位資深的前輩跟我說，下次上班應該要去別的部門了。後來主管不知道跟上面的人怎麼討論，最後我還是留了下來。就這樣驚險的開場，拉開我接下來長達半年小媳婦日子的序幕。

我也不知道自己是哪來的自信跟臉皮會繼續留下來，基本上六樓主管從開始到很長的一段日子是不怎麼搭理我的。當時「對面」裡有中國人還有泰國人，每一個人的日文都非常好，日本人方面除了主管和一位很高傲的阿姨之外，一起打工的人其實都還蠻不錯的，也可能是因為都還年輕，對外國人也有點好奇，尤其從第一次上班就遇到的增井，還有跟我只差一個月進來的向井。還記得第一次上班時，頂著一頭捲捲頭的增井，在下班時站在了我旁邊。當時我對於在工作上沒辦法幫上什麼忙覺得懊惱，問他為什麼店長要把我分來六樓呢，大概是因為我待過澳洲覺得我會說英文吧！他聽到了我的自問自答，才知道原來我會說英文啊，從此以後遇到跟我溝通不良的情況時，他就會用英文跟我溝通。而向井是在增井的介紹下進來六樓的，兩個人是英語專門學校的同班同學，英文都說的非常好，增井甚至去瑞典留學過一年。向井則是一個非常漂亮的女孩，不是一般傳統感覺的日本女性，而是非常洋化的那種，很成熟，甚至帶點冰山美人的感覺。

在一開始的半年中，我常常找不到事情做，主管跟高傲阿姨是六樓主要管事的人，高傲阿姨已經快五十歲了，卻總是打扮得很年輕時髦，我一開始甚至猜不出她的年紀。她是待在六樓「對面」最久的人，清楚六樓的一切工作，卻從來不肯教我，只肯教比我早一個禮拜進來的一位泰國男生。我想可能是我不得她的緣，但我不懂連麵包店這樣小的店面，都會有一套完整的訓練，而唐吉訶德這樣的大公司，卻完全沒有人在一開始可以完整告訴我六樓是怎麼樣運作、工作內容有什麼。永遠是跟某位前輩一起上班時，經由那位前輩的口中，片斷的學會一些工作內容。但大家都喜歡做著自己的事，我除了主動去接待客人、介紹商品之外，大部分時候都在一旁閒得發慌。直到後來，向井也進來六樓之後，我看到增井很詳細地教她工作的流程，才知道一般人在一開始上班的時候，都會有一位前輩說明工作內容。我跟增井抱怨，為什麼我剛進來的時候都沒有人教我？增井才驚訝地說，他以為已經有別人告訴過我了。後來才猜測，可能因為我第一次上班時，大家都以為我會被轉到別的部門去，就沒有教我，等到我確定要留下來，也沒有人記得要帶我把工作內容走過一遍。

增井自從知道我無所事事之後，每次只要跟他一起上班，他就會主動找我幫忙、或是找事情給我做，只要我有不懂的，他也會馬上來解救我。在他的幫忙下，我漸漸地適應六樓的工作。有很長的一段時間，他是我在唐吉訶德的精神支柱，只要是他不在的日子，工作就會變得很難熬。向井也對我非常友善，她總是像冰山一樣跟大家都保持著距離感，可是很奇怪，我就是覺得她很投我的緣。一開始大家都不知道如何跟她相處的時候，我常常用我的破日文主動找她說話，可能是我的日文太有喜感了，讓她也慢慢展現內心熱情如火的一面。

向井跟增井都變成我很好的朋友，只要是一起上班的日子，我們都會有說不完的話。在私底下我們也很常保持聯絡，不管是工作上的問題，或是我學校上的困難，他們兩個都給了我很大的幫助。還記得我在當研究生的時候，學校常常會有很多報告，增井都會一一幫我確認日文的錯誤，還會教我正確的日文發音。他們兩個可以說是我在日本的最早的日本朋友。

雖然有他們兩個在，可以讓我慢慢習慣主管的冷淡，忍受高傲阿姨的無視，但像我這樣凡事喜歡追求成就感的人來說，這份工作是真的做的很痛苦。因此，即使前輩們都不太重視我，我還是很希望能在這份工作上，找到自己存在的意義。就在某一天，突然發現我似乎擁有一項特殊的技能，那就是我很會賣手錶！

我一直都知道自己喜歡說服別人，不是因為當了律師，而是因為從小就很喜歡拜託別人，要拜託別人，就要有能說服別人的能力。突然有一天我就開始對賣錶這件事著迷，尤其是勞力士，每次上班我都以能賣出高單價的錶作為目標。自從日本開放免稅之後，店裡的觀光客就變得非常多，尤其是中國人，在日本引起一陣爆買旋風。中國人是我的最大客戶，他們雖然不是專業的買家，但出手決不手軟，要跟中國人做生意，就一定要會講價。可是對於日本人來說，講價是非常不可思議的事，一開始主管遇到客人講價，就會很無措，常常都要我直接問對方多少錢願意買，但中國人開的價錢絕對都是對半切的，主管就會嚇得直接把客人拒絕掉。

我其實很清楚中國客人雖然會亂開價，卻是有心要買，但主管卻無法解讀到他們的心思，其實價錢都是主管定的，他有充分的權限可以變更價格，而且我也知道，對於某些已經閒置很久的商品，他也真的很想儘快把它賣掉。一開始我對於雙方無法溝通感到很困擾，漸漸地，我發現我可以利用這個溝通橋梁的身分，幫助他們完成交易。我的立場非常中立，拿了唐吉訶德的薪水，就立志要幫公司把錶賣出去，但我也站在客人的立場，讓客人能以最低合理的價格買到手，我努力營造這樣雙贏的局面。因此，我像是雙面間諜一樣夾在中間如魚得水，不僅僅是說服客人購買，也說服主管降價。在過程中，我會跟主管說客人要求非某個價格不買，然後再跟客人說不行，公司非某個價不能賣，接著便像一個仲裁者一樣，在中間調整價格，最後在兩邊折衷的結果下完成這筆交易。這說出來好像很容易，但其實根本是種藝術。首先，你要跟客人稱兄道弟，讓客人相信你、喜歡你，並且站在客人立場講話、閒話家常，偶爾一起罵罵日本人，賣弄一下我的幽默感，一副很難得可以說中文一樣拉近距離感，取得信任後，一切就會變得非常容易。但我也很討厭客人開出非常不合理的價格，即使我知道主管會為了業績急速想把某些商品賣掉，而訂出甚至比成本還低的價格，我也不會立刻直白的表態，如果我可以猜出客人很想購買的心思，還是會用我認為是合理的價格賣掉。

這樣的買賣技巧很需要雙方對我的信任，每次跟客人相談甚歡之後，我的同事都會問我說你是什麼時候要競選里長啊？大概就是要達到這種感覺。有很多很信任我的客人還會固定特地回來找我，讓主管很佩服的跟我說，他沒有遇過有打工的員工可以像我做到這樣。漸漸地，我扛起六樓業績的重責大任，也變成主管的大紅人，本來一些打雜的工作就再也沒叫我做過，一有客人看錶就馬上把我推出去，甚至告訴其他前輩，不要讓我去做一些瑣碎的雜事，要我隨時待命，不能離手錶櫃台太遠。而一有新的員工來到六樓報到的話，也會馬上跟新人介紹我是六樓最會銷售商品的人，如果是中國人或是台灣人的話，就會要求她們注意聽我是如何販賣商品。

不久之後，我就得到一個專用條碼，它被貼在收銀機上。這是專門用來記錄我每次上班可以販售多少金額。主管告訴我，因為想幫我加薪，有了這樣的紀錄他才能幫我向上面爭取。在那個時候，能在六樓打工的外國人不多，有加薪的機會，也很少會保留給外國人，不論是已經工作了多長時間。而我最後，卻是在外國人當中第一個被加薪的人，這樣的榮譽真的是一份很大的肯定。我曾經因為學校的入學考試心力交瘁，告訴主管我可能會考不上正式的院生，主管就跟我說，那來唐吉訶德當社員啊，如果是他的引薦，一定可以。這一句話就足夠了。

唐吉訶德的這份工作，因為一開始的挫敗，反而讓我花費最多的心思去投入，它是第一份讓我深刻感覺到我是真的來到日本人的地盤裡工作。不是像麵包店或麵店一樣，小小的空間，也只要跟少數的日本人合作，沒有太複雜的人際關係跟上下關係。唐吉訶德可以稱得上是一個大企業，每天有近百人在一間店鋪裡一起工作，每個部門各司其職，一層一層的主管也分工非常複雜。然而在日本的社會中，唐吉訶德其實不算是形象好的企業，曾經有學校的日本友人跟我說，她以為在唐吉訶德工作的都是一些奇怪的人。也確實，唐吉訶德是少數不需要看學歷，只要是高中畢業就能應徵上正社員的大公司，但工作條件卻也有些苛刻，是日本人口中的黑色企業。因此這間店裡的社員（主要是日本人）的素質參差不齊，加上高壓又長時間的工作，在這裡真的可以看見客氣有禮的日本人另一個黑暗面。高高在上的態度、明顯歧視外國人的眼神，這些複雜的人事，加深了工作的困難度，不再是過去單純的只要把自己分內的工作做好的打工。我很少會為了工作的事情影響情緒，但在一開始的半年我確實常常把工作上的沮喪帶回家，明顯受到輕視的感覺也傷我很深。

不過，能有機會能在這樣複雜的體系中，得到這些深刻的工作經驗我還是覺得很感恩，一輩子也都會肯定自己曾經從谷底裡爬起來。正式入學大阪大學的大學院後，我就沒有心思把精力放在唐吉訶德，也沒有力氣再跟客人們過招。

最後一段時間，明顯感受到主管對於我不再像過去一樣努力在工作上的事情感到不滿，甚至努力在尋找人頂替我的位置，我也沒有任何感受。真實社會的現實與冷酷，我已經在這裡學到很多，也不會再受傷了。一起工作的中國留學生老趙，是在增井跟向井都一一離職後，跟我關係最好的同事。她一直很捨不得我要離開，要我跟老闆爭取，即使一個禮拜只上一天班，也希望我能繼續留下來。但我告訴她：「現在真的就是那個該走的時候，幫幫我，讓我能瀟灑的離開吧。」

辭掉唐吉訶德的工作後，我強烈感覺就像結束了一段重要的人生。曾經的戰戰兢兢、高潮起伏，最後卻結束的淡然。如果人的手中總是無法抓得住全部，那我至少該把一件事握緊，只有學會放手，才能避免全部失去。接下來的我該是盡力投身學校學習的時候，在唐吉訶德的歷練已經告終，沒有任何遺憾。這段在唐吉訶德求生的日子，這些曾經圍繞在身邊的人、這些記憶，我雖然無法再抓在手中，但我知道我已經不會失去。

05

成為真正的日本留學生

身為主考官之一的他，為了考試的公平性已經不能再幫我更多，他祈禱我能順利考上，但以我目前的狀況真的有點危險……

以研究生的身分進入阪大之後，我重新開始了學生生涯，距離上一次在學校讀書，感覺好像已經有十年之久。

大阪大學有一個教學單位，專門提供外國留學生學習日語。從聽、說、讀、寫，到撰寫報告、日英翻譯，有一系列的課程可以選擇。我跟 Pramod 就是在這樣的日文課裡遇到。還記得自我介紹的時候，他跟大家說自己是 7-11，因為每天從早上七點到晚上十一點都待在研究室裡，這個自我介紹讓我笑到不行，覺得這是個很趣的人。Pramod 也是研究生，是拿公費來的獎學金生，從研究生到博士班畢業，都由日本政府提供全額的學費跟生活費。他告訴我，如果沒有這筆獎學金，他根本不可能來到日本，在這裡一個月拿到的生活費，在印度的父母大概要工作一年。他的眼睛超大，一眨一眨的非常靈活，腦袋也很好，但個性卻非常單純。我們很快就變成很好的朋友，後來能在大阪大學附近找到便宜又大的房子也是他介紹的，他就住在我家樓上。

我們常常一起去圖書館讀書，他都拿著一台用獎學金買的 iPad，不管什麼時候都在看 youtube，我問他為什麼不用讀書，他張大眼睛說他在讀啊！原來他的讀書方法就是在看 youtube，youtube 裡有許多線上的免費課程，他都用這樣的方法旁聽美國各大學的課，包括哈佛。也因為他有優異的語言天分，可以吸收世界各地的知識，讓人覺得他好像沒有不知道的事，也好像沒有什麼辦不到的事。他時常會用很搞笑的語氣說，他在印度的社會階級是倒數過來第二級，連日本語能力測驗二級都沒有通過，就已經在印度一流的大學教了好一陣子的日文課，是備受學生喜愛的老師。他就是這樣一個很不可思議的人，真正用自己的能力反轉生命的人。

因為有 Pramod，讓前半段的研究生生活多了一些樂趣。很早就獨立一個人生活的 Pramod，廚藝也無可挑剔。常常會煮印度咖哩找我一起吃，道地的印度咖哩味道十分香濃。但沒有正式學籍的我們，其實在阪大很難得到歸屬感，每天都要為了有沒有在老師面前好好表現，能不能順利考上院生而緊張。再加上更可惜的是，他是經濟研究科的學生，而我是法學研究科的人，因為研究科的不同，所以我們陸續被分入不同的研究室，漸漸地由兩個人的快樂學習，轉變為一個人的奮鬥。

在研究生的階段，有一位由學校安排給我的家教。家教制度是學校為了留學生們所特地設置的。通常都由日本學生擔任，他們會在日語、學習、生活上提供協助。這就像是一種打工，他們是有時薪可以拿，所以只要我們有任何問題，都可以向家教求助。松山是我的第一個家教，一個日本新時代的女性。套用研究室的學長說過的話：「你有見過松山輸過什麼嗎？」完全可以表達出松山是個怎樣優秀又好強的女孩子。在以男性為主的日本社會，優秀的女生多少都會受到壓抑，但也有不願意被束縛的堅強女性，就像松山這樣子的人。當時她才二十四歲，年紀輕輕卻氣場很強，即便是我這個已經有過律師工作經驗，年紀大上她好幾歲的人都被她震懾得不能自已。松山是博士班一年級的學生，據說是法學研究科第一位女性院生會會長。在上學期的時候，我在法學研究科的研究室裡並沒有位子，因為研究生算不上是正式的學生。但自從下學期松山一上任後，就把我弄進了跟她一樣的第二研究室。

第二研究室是個充滿回憶的地方。還記得第一次進去，四周一片靜悄悄。我一個人坐在位子上，帶著耳機讀著自己的書，沒多久，就有一位學長過來拍拍我的肩膀，要我把音量關小聲一點，因為即使我是用耳機，還是發出了聲響。第二次進去是為了印報告，因為在第二研究室對面的影印室有專用的影印機，我在印好資料後，就拿著釘書機在研究室裡整理。沒想到過沒多久，上次叫我安靜一點的學長又出現了，他指著釘書機嚴厲地跟我說，這個訂書機是不能拿出影印室的，請我立刻把它放回去。這個學長就是宮村。我當時真的是被宮村學長嚇了一大跳，也許我是沒有遵守規矩，但初來乍到，好好跟我說我也能夠明白，不懂為什麼一定要用這樣傷感情的態度。

這件事情讓我對第二研究室充滿了排斥，寧願一個人在家讀書，也不願意再到研究室裡。但很快的又到了秋天，氣溫漸漸的變冷，住在傳統木造建築的我身體虛寒，最終還是忍不住進駐了第二研究室。這一次我用更謹慎小心的態度面對，深怕不注意又壞了日本人的規矩。

第二研究室是法學研究科最大間的研究室，每個人都有自己的座位，還有幾台共用的電腦、洗手台、還有簡易的煮水器。看到垃圾桶旁貼著「不可以丟棄廚餘」，煮水器上也貼者「僅可用於煮熱水」，還有牆上「禁止飲食」之類的告示，很難覺得這裡是個親切的地方。但是，這裡卻有我在阪大遇到最親切的中國留學生——佩佩、天天跟小雪，三個嬌小的女孩，是我在二研最好的朋友。佩佩是個天生具備跟陌生人講話技能的人，不管誰都可以成為她的朋友。她永遠像沒有睡醒一樣，卻很有元氣。不僅告訴我有關法學研究科所有的事，更安慰我不要太介意研究室裡的日本學生。天天專攻行政法，跟佩佩是同一個指導老師，在中國也是一位律師，日語跟法學能力都很高。小雪則是日本偶像龜梨和也的死忠粉絲，為了偶像來到日本，平均起床時間是下午四點（佩佩大概是下午一點），上床時間則不明。

根據佩佩跟小雪的說法，第二研究室的日本學生和留學生的關係不好，尤其最恐怖的就是綽號「大姨媽」的宮村學長。身為研究室長的宮村學長是個非常情緒化的人，心情好的時候，大家都相安無事，心情不好的時候，犯了一點點的小失誤就會讓他抓狂。但他是真正一年三六五天都會來研究室讀書的人，研究室就像是他第二個家一樣；他負責管理第二研究室的秩序，用他潔癖的標準維持著環境的清潔，更默默肩負起每天幫大家丟垃圾的工作。松山告訴我，其實宮村學長是個很好的人，但留學生的生活習慣跟日本學生比較不同，才讓研究室變成現在這樣緊張的氣氛。

還有一位柴田學長也是很重要的人物，因為跟宮村學長形影不離的關係，我們叫他「姨父」。他們都主修憲法，也在同一位老師的門下。柴田學長跟拘謹的宮村學長比較不同，在德國留學過的柴田學長嗓門很大，常常一進門就一大堆的關西腔奔流而出。研究室很明顯的區隔出兩塊鬧區，一邊就是中國留學生的中文區，大部分在聊天比較多，另一邊就是以柴田學長為首的日語區，以學術交流為主。

我一開始對於日語區的學長們都很敬畏，畢竟一來就受到宮村學長的震撼教育，但漸漸時間一久了，我也變得比較膽大。有一次，我看著座位表的時候，發現自己的名字是用片假名，宮村學長經過詢問我在看著什麼，我告訴他為什麼其他留學生都用漢字，我卻是片假名。松山當時也正巧經過，她說應該是因為打不出我的名字，畢竟我的名字不是日本的漢字。宮村學長不置可否的說，就算不是日本漢字也一樣可以打得出來啊！說完就跑去電腦旁示範要怎麼打出我的名字。這是我第一次覺得宮村學長其實是個不錯的人，竟然大費周章的就為了處理我的名字。

還有一次是電線的問題。因為我的桌子剛好是插座的交匯地，底下布滿電線，可是我的電腦反而沒有插座可以使用。我告訴宮村學長後，他就從對面一排座位裡，幫我找到了一個插座位置，同時也拿來了一個像是集線器的東西，為我把桌子底下凌亂不堪的電線全部整理在一起，更用衛生紙將所有電線上的灰塵都擦掉。不僅僅只有我對宮村學長這樣貼心的舉動嚇到，每個經過的留學生看到都驚訝不已。他們說不得了了，妳竟然可以讓「大姨媽」趴在桌子底下幫妳擦灰塵！自此我更堅信宮村學長其實是個很好的人，就像大部分含蓄的日本人一樣，只是不懂得怎麼跟性格自由奔放的外國人相處而已。

我從此就再也不怕研究室裡的日本人了。開始嘗試主動跟日本前輩們互動，從請教日文開始，到討論一些在日本生活上的問題，發現他們雖然害羞不主動，但都是很善良、很樂於分享的。我進一步思考要用什麼方式讓彼此更親近。雖然要像日本人一樣小聲地說話，客氣地使用敬語，說話得體不過分踰矩，對他們來說才是相處的基本禮貌；但我認為，畢竟是不同文化間的交流，如果我還是用日本人的方式和他們相處，那他們也會失去受到異文化刺激的機會。所以我想在中間做個折衷，還是想保有我自己身為台灣人直爽性格的樣子，但以循序漸進的方式讓他們接受我。

我主動的用我的大嗓門和他們聊天，坦率地表示我的想法跟我的個性，該笑的時候大笑，該生氣的時候就抱怨，喜歡的人或事就說喜歡。當日本前輩們用慣用的曖昧不清的用語和我說話時，我就說我聽不懂，但有時是真的聽不懂，他們也只好使用非常直接、沒有修飾的用語和我溝通。這樣的一來一往下，我發現剛開始時，日本前輩們是有點緊張不知所措的，但漸漸地就卸下了心房，不僅是對於我，對於研究室其他的留學生，甚至是其他的日本同學，大家都慢慢的不再客客氣氣，而是用更坦率卻更沒有隔閡的方式互相溝通。

這真的是一個很棒的轉變，大家的感情變得越來越好，時常圍在一起聊天，宮村跟柴田學長都變得很友善，還常常成為大家逗弄的對象。記得聖誕節的時候，我發起大家一起在研究室辦聖誕派對的活動，卻被拒絕，原來在日本，聖誕節是情人的活動，沒有情人的大家聚在一起過節，反而顯得心酸。但是真正到了平安夜的那天，柴田學長還是拎了一個蛋糕來到學校，把我們這些孤單的留學生，還有就算是聖誕節還是要讀書的日本學生們拉在一起，大家一起分享蛋糕，開心過節。

研究室的生活歡樂歸歡樂，大學院的考試還是迫在眉睫。自從當上研究生之後，我就一直不斷的改變研究題目，雖然沒有跳脫國際環境法的範疇，但就是寫不出一篇足以應考的研究計畫書。在一次面談後，老師發現我的狀況很不理想，寫了一封信告訴我，身為主考官之一的他，為了考試的公平性已經不能再幫我更多，他祈禱我能順利考上，但以我目前的狀況真的有點危險，在剩下不多的日子，我真的要付出百分之百的努力。我看到信之後忍不住大哭，我覺得我可以再更努力的，我好後悔這一年我為什麼沒有用盡全力。

松山在這個時候拉了我一把，她告訴我，老師私底下拜託她幫幫我。她就拿出行事曆開始安排行程，要求我在什麼時點要交出第一份初稿，再花多久時間修改，最後在什麼時候提出申請。在她的嚴厲督促下，戰戰兢兢的，幾乎是從白天到深夜都努力在構思我的研究內容。研究室的學長姐們也都在幫我，教我怎麼使用學校的資料庫，怎麼樣可以更容易找到需要的論文，留學生的朋友們也會跟我分享她們的過去的應考經驗。因為時間不多，我腦海裡一有新的點子，就會馬上跟松山討論，松山就會用樹枝狀的構圖把我的研究架構分析出來，一點一點地跟我討論構想，批評我的想法有哪些問題。

在大家的幫忙下，我的研究計畫漸漸有了雛形，但更關鍵的人，就是京大學長 Min Min Yang，希望大家都還沒有忘記他。這種時刻，是不能沒有博學多聞的學長出場的。在距離提出考試申請不到一個禮拜的時間，我幾乎天天都在跟他通電話。跟學長講電話是要充滿敬意的，雖然用 Line 不用錢，但通訊不良、斷斷續續會讓他生氣，所以我每天都是恭恭敬敬地打電話去請教問題，雖然最後我花了快要兩萬塊日幣的通話費，但這樣的花費是很值得的。在我粗糙又不完整的說明下，學長會努力幫我拼湊該有的思考脈絡，告訴我哪些議題會有什麼風險，往哪些方向研究會更有趣味，但是他絕對不會告訴我答案！縱使他手中握有一堆值得研究的海洋法題目，也不會輕易地跟我說，這就是一種研究態度；尋找問題的過程就是一種最重要的學習，我一定要靠自己的努力形成問題意識。

就這樣，在白天松山的督促，晚上學長的鞭策下，我終於把研究計畫書寫出來了，也在大家的鼓勵與陪伴下，考上了國際公共政策研究科。因為我的老師是國際法老師，同時隸屬於法學研究科跟國際公共政策研究科，我可以有兩邊的選擇。松山告訴我，雖然我在台灣已經有法學碩士的學位，但以我的日語程度，要直接就讀博士班是有點困難。她認為，縱使我能考上，要在三年內拿到博士學位有一定的難度，畢竟連一般日本學生都可能花上四、五年。如果一樣是在博士班待上五年，不如從碩士班開始讀起，會更充實也經濟。在松山的建議下，我就選擇了國際公共政策研究科，雖然跟一開始的計畫有出入，但除了原有的法學碩士之外，再拿一個國際公共政策碩士也是一個很大的收穫。而且這兩年的碩士班期間，我也可以有個緩衝，再多點時間好好的思考：在已經是位律師的條件下，我的生涯規畫中，是不是真的值得付出那麼多心力，再拿下一個法學博士。

但不管如何，我還是正式入學大阪大學了，終於能鬆一口氣，也了卻一樁心願。我終於是位真正的日本留學生了！

06

跟日本人交往學問多

過往的失戀沒有一次不會痊癒，因為時間就是良藥，但幸福會保留下來。

告別法學研究科的朋友，我來到國際公共政策研究科，這個研究科是由法律、政治、經濟三個類別所組成，但同樣都是以研究國際公共事務為主軸。這所研究科和法學研究科有很大的不同，不像法學研究科大多以研究者養成為目標，國際公共政策是以培養國際人才為目標。除了會被要求英語程度外，也都擁有很深厚的國際交流背景。日本的學生，畢業後通常就直接就業，真正會花上兩年以上時間出國留學的很少。但是基於有邦交國的關係，交換留學的機會卻非常多。尤其像是這種國際公共政策專業的學生，大部分在大學時，都有半年到一年交換留學的經驗。所以在來到這個研究科之前，法學研究科的學長姐們都要我不要擔心，比起守舊傳統的法學研究科，國際公共政策研究科的氣氛絕對更活潑、更歡愉。

結果很可惜，因為這個研究科有三分之一以上的學生，是由外國學生所組成。比起說中文的同學，對那些想練習英文的日本學生來說，母語為英語的外國學生更加吸引人，再加上研究室太過遼闊且禁止談話，同學間反而比在法學研究科感覺更疏離。在這裡，我其實沒有什麼機會跟其他日本同學接觸，真正成為好朋友的，都是跟我一起考進來的中國留學生們。也許基於一些政治情結，不是所有台灣人都能跟中國人愉快相處，但我的想法是，在不同立場，就該用不同的態度。既然在這裡我們都是留學生，應該互相照顧、相親相愛，尤其又是使用相同語言，更沒有敵對的理由。

這些朋友當中，劉盼跟我有最多的時間在一起，因為她就住在我家前面。她是個很直爽的山東大妞，從一開始聽不懂的語速跟口音，到後來習慣她的說話方式跟個性，甚至我們還進展到坦誠相見的地步。她跟我一樣都是非常喜歡泡溫泉的人，日本有很多公共的澡堂，我們都是手牽手一起去。還記得她說，在跟家人視訊的時候，她告訴她媽媽：「我終於能找到能幫我刷背的人了！」那個負責刷背的人就是我。

我也不是從此就放棄日本朋友，我還有同級生（同年一起入學的同學）呢！吉良跟小山內，還有韓國留學生美慶，都是一起跟我考進來的同級生，我們隸屬在同個老師門下。但他們都是法學研究科的人，美慶則是博士班學生。我雖然掛在國際公共政策研究科的學籍下，但選修的課通常都開在法學研究科，因此儘管分屬不同研究科，我們卻通常都是在一起上課。美慶比我大了一歲（我竟然能在學校裡遇見比我年紀大的人），卻是非常時髦漂亮的韓國姐姐。在韓國已經拿到博士學位的她，一結婚就飛來日本留學，連我這樣已經算很前衛的人，都不得不佩服她新時代的觀念。總是一身名牌，卻穿得非常有質感，我覺得這才是一位三十多歲輕熟女該有的樣子，而自己就還像是個黃毛丫頭。她說她非常喜歡我，因為我不會給人距離感，雖然只比她小幾個月，但她卻總把我當妹妹在照顧，常常會問我需不需要幫忙，我也真的超級喜歡這位姐姐。

小山內跟吉良都是我的戰友，我們一起考進碩士班，也會一起從碩士班畢業。小山內來自北海道，是個小帥哥，就跟北海道人給人的感覺一樣，雖然性格很溫和，卻非常的 my pace 的人。在日文 my pace 的意思就是很有自己的步調，好聽一點是很有個性，難聽一點就是我行我素。小山內就給人有點天不怕地不怕的感覺，尤其將我行我素展現在不守時這方面更是淋漓盡致。日本人中很難找到不守時的人，但只要是早上的課，小山內很難不遲到，就算沒有遲到，也是滿頭大汗地坐在教室裡，要先大氣喘個十分鐘才行。

而小山內的相反，就是吉良，一個超級端正的日本人。吉良是一個家境富裕的小哥，永遠都是西裝筆挺的來學校上課。他是關西人，卻堅持說關東的標準語，更不用提他一口超好聽的英式英語。吉良因為出身好，所以堅持的事情也很多，像是他非常討厭蟲子，更不能忍受人的無理。比起其他人，我跟他有更多的相處機會，因為他是繼松山後，我的第二任家教。一開始認識他的時候，他總是非常安靜乖巧，老師也很喜歡他，但對於這樣的人我反而有些畏懼，覺得很難親近。不過自從當上我的家教後，一切都變得不一樣。

其實我比吉良還早入老師的門下，嚴格說起來我還是他的學姐，但現在他雖然跟我同年級，卻當上我的家教管我的功課，應該算我委屈了。然而，事實絕對不可能是這樣子的，如果說，當初勞心勞力護送我考進大阪大學的前任家教松山，是因為上輩子欠我的，那對於吉良，只能說我這輩子是欠他了。學校的畢業規定是這樣安排的，碩士需要修滿三十學分，博士卻只要八學分。因為碩士班生還停留在需要老師指導授課的階段，但博士班生已經有能力自己做研究，因此給予很大的自我管理空間。但是，日本大學院嚴苛的畢業標準，通常要花上一整年專心寫論文，而碩士班只有兩年，這代表一年級時的我們要瘋狂地將三十學分修滿。而吉良不僅要應付自己的功課，還要同時應付我的，正所謂他家的報告是他家的事，我家的報告還是他的事。我常常趕報告感到深夜，再晚寄郵件給他，他都一定會幫我做修正。然而不僅功課上，還有我弱小心靈上的問題，我通通都會詢問他，善良又有耐心的吉良，不管是再怎樣的無病呻吟，都會耐心地回覆我的心理諮詢。

吉良其實是個不善交際、討厭人群、喜好文學跟美食的公子哥，我們同個門下的其他日本人，都不見得有我跟他這樣的好交情。這都要歸因於日本人負責任的天性，身為家教的他無法甩開我，及我的熱情糾纏，因此才能逐漸被我所感化。尤其到後來他幾乎可以用一本正經的臉，卻滿口胡說的跟我鬥嘴的時候，真的是讓我驚喜不已，我終於又成功地解放一位日本人了！

看到這裡，大家一定會覺得吉良絕對是我在日本生涯中最重要的夥伴，他對我來說確實是很重要的人，但最重要的這個位子，一定要保留給鈴木。因為他是我最喜歡的一個日本人，也是我付出最多真心的一個。

在一開始的時候，研究科都會舉辦一些交流活動。一場新生迎新派對上，我不經意地跟一位長得十分清秀的男同學對上眼睛，他距離我很遠，卻輕輕地對我點了一下頭。他就是鈴木，我們這一屆學生中長得最好看的男同學。這是我第一次見到他。他們有群日本人剛開學時就走在一起特別要好，而我也幾乎都是跟留學生聚在一起，我們沒有什麼機會接觸，但我卻對他印象很深刻。終於在某次 BBQ 的場合我們又碰到了。大家圍在烤架旁邊烤肉邊聊天，他也很巧的站在我的身旁，我們很開心的聊了整晚，那是第一次有了接觸。我終於發現他好看的地方，眼睛閃閃發光的，在那個夜晚裡顯得特別耀眼。

我們雖然同屬一個研究科，但我是法律組，他則是政治組，大部分的課都沒有重疊，只有一堂國際法的課同班。這堂課每次上課前，都要自己準備教材來聽課，有一次我卻忘記帶講義，緊張的左顧右盼，他剛好就坐在我的後面。我問他是不是有發了一份新的，他說對且察覺到我似乎沒有準備，就把他那一份給了我，說他可以跟旁邊的朋友一起看。那個時候我剛從法學研究科來到國際公共政策，對於要跟新的日本同學們相處，覺得很苦惱，因為似乎一直沒有找到門路。他的友善簡直就像是大海裡的浮木，我認定他已經是我在本研究科第一個日本朋友。當時我有堂民事訴訟法的課，在開學沒多久就要報告，但那時的我對於閱讀較為艱深的日文論文還有點吃力，尤其這篇論文還牽涉了一些我沒有學過的經濟學概念。我在研究室外面遇到鈴木，問他有沒有修過經濟課，可不可以幫忙解釋這一段文章內容給我。沒想到他跑進研究室拿出一大疊正在修的經濟課教材，讀懂我那篇論文的文章後，一段一段的解釋給我聽。我很謝謝他的幫忙，也告訴他如果有機會的話，再一起去吃飯。沒想到他馬上就跟我訂好吃飯的時間。

我本來就是很善於聊天的人，他也有很多有趣的事情可以講。還記得那天吃飯，我們像有說不完的話般，一路從早上十一點聊到下午四點。從此之後，我就很常在研究室外面遇到他，他都會在門口花上將近快一小時的時間跟我聊天。有次離開研究室時，他還陪著我一路走到了我家門口，那次之後，他都會等我一起離開，再送我回家。這時候我才驚覺，不會吧！這個年輕小哥是在追求我嗎？他喜歡上我了嗎？

這對我來說是有點驚慌的事，因為鈴木從來沒有問過我的年齡。我比一般同學都年長，也沒有隱瞞，但他卻從來沒有問過我這個問題。雖然有點自戀，不過我的外表看起來應該比實際年齡還年輕，只是我仍舊擔心他知道我的真實年齡之後，會不會連朋友都當不成。半夜一點多，我寫信給親愛的家教吉良，告訴他鈴木對我很友善，要不要趕快告訴他我的年齡，但我害怕他就不再理我了，他現在是我在這裡唯一的日本朋友。吉良告訴我，他一點都不覺得我需要為自己的年紀操心。如果我是在鬼混就算了，但過去的經歷是這樣輝煌，我應該以自己為榮，就像他也一直以身為我的朋友為榮一樣。他相信鈴木也一定會是這樣想的，跟我當朋友是因為喜歡我的個性，跟年齡無關。吉良的話安慰了我，但不管如何，年紀的差距就是事實，我不能夠隱瞞，但也不會去勉強。當我找到機會告訴鈴木我的真實年紀時，他露出了些微驚訝，但隨即就平復，他對我說：「でも、ユウユウのことが好き（可是我就是喜歡妳）。」

就這樣全世界最浪漫的事發生在我的身上，一個全研究科最帥，對待留學生最友善的男生，竟然會喜歡我。我一直覺得我不是日本人會喜歡的類型，沒有日本女生的秀氣，也沒有那樣的善解人意。但鈴木似乎是對我一見鍾情，雖然他不承認。他說第一次見到我，是在入學式的時候，那時候我坐在他的斜前方，不小心把筆弄掉在地上。隔壁的日本男同學幫我撿起來，我雖然有說謝謝，卻不是日本人那樣好好地用敬語道謝。他就發現我應該是一個留學生，也因此注意到了我。我說這就是一見鍾情啊！他徹底否認。所以我質問他究竟是什麼時候喜歡上我的，他說應該是有一次送我回家，發現我在門口種了一整排的草本植物，我一株一株跟他介紹這些是什麼植物，像在介紹家人一樣。他當下感受到我種了一堆植物像在陪伴自己，突然就產生了特別的感覺。

在國外的日子，雖然充實也忙碌，但偶爾還是會有很寂寞的時候。那種寂寞，不是想交男朋友那樣的嚷嚷，而是一種無法抵擋的孤寂感襲來。只要一有這種感覺，就會覺得心裡有種沉到底的憂鬱，沒來由的悲傷，甚至連呼吸都有點喘不過氣。真的是很偶爾、很偶爾的時候，我才會突然有這樣的感覺，然後我就要努力的拍拍胸口告訴自己沒事，而漸漸的就真的會沒事。但自從跟鈴木在一起後，我就再也有沒有過這種感覺，每天都覺得有一個人在身邊，充滿安全感。鈴木就像一把大傘一樣，幫我擋下大部分在日本求學的辛苦。

我的日文能力即使進到了大學院之後，跟一般的留學生相比，還是有很大的實力差距。即使我的基礎法學知識很強，也有了幾年工作的歷練，但無法用日語把我所知道的精確地表達出來，這些優點都變成毫無用武之地。鈴木決定在語言學習上幫我的忙。因為他天資聰穎、反應又快，所以常常不用等到我把話全部說完，他就可以理解我想說的是什麼。但他後來發現這樣會讓我在會話上偷懶，永遠沒辦法把一段句子講完全，就開始會注意我說話的內容，一有錯誤的地方，不顧我的自尊心會立刻糾正。

除此之外，在學校的報告上他也很幫我。只要是我有報告的時候，即使他也在同一時期有報告，他一定會先把我的報告內容全部檢查完畢之後，才會做自己的。甚至在發表前，他也會將我的發表內容全部錄音，讓我能慢慢聽重複練習，才能在發表時說出漂亮易懂的日語。對留學生來說，用日語發表不是一件簡單的事，報告上的文法用的是文章體，但發表時卻是敬體。還有一段段文字間的連接詞，文章跟口說的用語都有很大的不同，完全照著報告念是一定行不通。我每次報告前都會請日本人錄音，怕發音及語調的錯誤會讓聽眾不容易聽懂我報告的內容。還會將日本人錄音時習慣用的連接詞跟招呼語標記在稿子上，讓我可以在發表時模擬他們的說話方法。有一起上過課的留學生同學曾經跟我說過，她很喜歡聽我發表，我發表時候的日語發音好好聽，跟平常說話的時候完全不一樣。我想這些都是因為有這些錄音練習。從過去的家教松山到吉良都會幫我錄音，直到跟鈴木交往後，他把確認報告內容、檢查日語文法以及錄音這一條龍的工作，全部都擔了下來。

但跟他在一起的時間也不是全然的輕鬆。他來自一個很正統日本的家庭，爺爺是小鎮市長，爸爸、媽媽都是公務員與老師。從小學的好教養，也讓他常常對我的粗手粗腳驚訝不已。記得第一次去電影院的時候，有精彩的情節，我都會有很大的反應，不管是笑還是嚇到，甚至有什麼新的發現，我都會用自以為很小聲的音量，在他旁邊提醒他或跟他分享。他對於這樣的行為非常介意，以日本人的規矩來說，禮貌就是不能影響到其他人。我這樣在電影院發出聲響的行為，就會影響到旁邊的人，也就是一種沒有禮貌。好吧，這樣的規矩雖然讓看電影變得很不痛快，但還是在我能接受的範圍，可是他要求我不能把飲料喝到乾淨，我就不能接受。據他說，教養好的日本人，是不會把飲料喝完的，因為用吸管喝飲料如果要喝到全乾，一定會因為吸進空氣而發出聲響，私底下還沒有關係，但如果是在公共場合或是電車上，就是沒有禮貌的事。這樣的問題，我有問過吉良，他說確實是不恰當。但我也問過增井，大咧咧的大阪人增井就說沒有關係。可見禮貌的標準在日本也是存在著爭議。增井像看好戲的對我說：「妳可是找到日本人當中的最高標準了呢。」除此之外，還有很多諸如此類的小事，像是走路小步、小聲，拿筷子要拿標準，這些從來就沒有放在心上的事，通通在一瞬間變成了我的缺點。

跟鈴木在一起最大的改變，就是不能再當公主。要知道男主外、女主內在日本可是發揮到淋漓儘致，日本家庭是由女主人來守護，由女人掌管一切大小事，甚至包括財務，而男主人就負責在外面工作把錢拿回家，其他的事情就一律不管。所以日本男人從小沒有幫忙做過任何家事並不奇怪，因為媽媽會把所有的事情都做好。在媽媽的細心呵護下，他們也很自然養成被照顧的習慣，也會偏向喜歡溫柔又貼心，所謂「女子力」高的女孩子。「女子力」在字面上容易被我們理解為很女性化，很會撒嬌的女孩子。但在日本人的解釋下不完全如此，還要手很巧、很會打扮，很會做家事、很會料理，常常細心的關心他人的需求，就是很會照顧人的意思。在台灣的時候，為了確認另一半對自己喜歡的程度，很容易把自己變成公主一樣，成為依賴的那一方。覺得對方應該要為自己做什麼，才表示他是真的喜歡我。但自從跟鈴木在一起之後，也許是因為我也不再是小孩子了，也許是因為日本人間的情侶相處模式，我跟鈴木的相處一直由我擔任付出較多關心的那一方。

我們在一起的大部分的時間都是很快樂的，尤其共同參與了彼此生命很重要的過程。在碩士二年級的階段，不僅僅要準備論文，找工作也是很辛苦的一段。每到春天開始，日本的就職活動也就開始了！和台灣比較不同，日本的找工作不是像台灣一樣登 104 或到處投履歷，他們有一套完整的徵選活動，一般是在三月開始，雖然有些外商公司會早點開跑，但大部分還是統一在三月公開資訊，這時候的應屆畢業生，也就是大學四年級、大學院二年級生，日本人稱作「就活生」，就要開始昏天暗地的日子。

首先是說明會，就活生要跑遍各處的說明會，有多家公司統一的，也有單獨舉辦的，你要去聽說明會後確定這家公司是不是你喜歡的，並且拿到公司的資料，開始進一步參加甄選。這種說明會幾乎天天舉行，在大城市還好，如果是在較偏僻地方就學的學生，免不了天天往大城市跑，這些交通費都要自付，負擔真的十分驚人。如果三、四月有來日本看櫻花的人，一定會很容易發現一群穿著西裝、套裝的年輕人滿街跑，就活生非常好認，因為他們的西裝一定是純黑色，不能有任何花紋，當然襯衫也一定要純白色的。

說明會之後是書面審查，又是日復一日不停地寫履歷、投履歷，每家公司都有自己的格式，你還要結合公司的形式寫出相符的優秀履歷。書面通過後再來就是考試了，形式從網路考試、當場考試都有，有點像在考智商。這些完全是留學生的大罩門，要在短時間看懂並答題，能通過的留學生真的不多。考試過了接著就是面試了，面試可能有二到三次，最先是團體面試，像是小組討論的形式，主要看你溝通的能力。再來就是單獨面試，如果是大公司，那可能還有最後一關是飛到東京總公司和老闆面試之類的，非常冗長且麻煩！最後全部通過之後，你就會拿到公司的內定，表示明年四月畢業後，可以到公司去報到並開始受訓，就職活動才宣告結束。

這樣一連串投履歷面試的次數，也依個人的規畫而有不同。像鈴木總共只投了六家公司，但其他日本同學最多的我有聽過投了八十家。要像鈴木這樣只投六家也不容易，因為找工作跟大學聯考不一樣，不是沒考上重考就好，明年再來一次時你已經不是應屆畢業生，能選擇的公司會更少。鈴木的想法是這樣，他不願意花費太多心力在撒網，只選擇幾間最想進的公司，然後從填寫履歷書開始，每一階段的考試跟面試他都投下全部心力準備。因此他一間公司的履歷信，從構想到撰寫可以花上一個禮拜。我在這個時期幫了他很大的忙。鈴木其實是一個很獨立的人，但在這個階段很明顯可以感受他心裡的不安，因為這是決定未來一生的大事。除了在外面奔波聽說明會、面試之外，只要一回到阪大他就一定會馬上來找我，跟我分享他當天面試的情況，或是跟我討論他新的履歷書裡很難回答的問題。雖然沒有一起參加就職活動，但有過幾年工作經驗的我，確實在很多題目上面，有比他更多的點子，而且文字方面的創造力跟表達能力上，也比他有更多想法跟知道要注意的地方。他本來就是很優秀又謹慎的人，再加上我許多新穎的想法跟建議，不管是書面審查或是大小面試，幾乎是一路過關斬將，直到最後取得第一間公司的內定為止，他沒有掉過任何一次的審查。

鈴木得到內定的那天，正要從東京趕回大阪面試，但在電車上接到通知電話後，他第一個就打給了我。這一次他把我排在了家人前面，希望能讓我第一個知道，那是滿滿對我的感謝，能夠這樣參與到他人生中很重要的過程，我也覺得很慶幸，因為這些日子裡的相互支持，也是我們之間很深刻的情緣。

我們一起去過越南、也到過杭州。因為我喜歡泡溫泉，他也帶我走遍關西大大小小的溫泉地。他時而好、時而嚴厲，但我對他的包容關愛卻從來沒有降低。我常常覺得鈴木不是對我最好的人，但奇怪的我卻最容易在他身上得到幸福感。我曾經問過姐姐關於「尋找愛你的人，或是你愛的人」這個抽象題，原本以為一定是無解，卻得到很好的答案。她告訴我：不管是愛你的人，還是你愛的人都會得到幸福，因為愛你的人會讓你快樂，而你愛的人你會讓他快樂，看到他快樂你也會快樂。兩者有付出多寡的差異，但都會覺得幸福。

我問鈴木會不會想跟我結婚，他說他還沒有想過結婚這件事，覺得自己還是個孩子。當然他想過要不要跟我結婚這個問題，但以目前來講，他沒有任何可以給我的承諾。這樣的回答聽起來很難過，卻很誠實。我也誠實地問我自己，難道最後沒有走到婚姻，這一段的相伴就會失去了意義？答案絕對是否定的。一定要成長歷練到一定程度之後，才會真正明白「只在乎曾經擁有」的真諦，那不是一種自我安慰，而是更昇華的愛。現在的他，等待展翅已經準備多久的時間，那是我已經期待過、體驗過、擁有過的人生階段，我又怎麼忍心設下束縛。而他不願意給出承諾，也代表他其實愛我不夠深，這個解答似乎既真實又心酸，但這一、兩年來對我的付出與照顧，難道就因為不夠愛而不是愛？

我對目前為止所擁有的充滿了感謝。即使我能想像到了真正要離別的那一刻，會有多麼傷心，但我還是充滿感謝。過往的失戀沒有一次不會痊癒，因為時間就是良藥，但幸福會保留下來。我永遠都對鈴木充滿感謝，謝謝在這一段他給過我的無數幸福時刻，也教會了我如何去愛。

07

Next Stage，成為一個帥氣的人

世事難料，在計畫的同時也隨時應付著變化。我不想放棄嘗試，只要是能力範圍內的努力我都會去做……

進入大阪大學留學，是件很衝動卻不後悔的決定。經歷過大學考試、研究所考試、律師考試，常常以為只要跨過這個山頭就可以了，最後才發現人生是由無數個山頭所組成。大阪大學是一所很棒的學校，也是對待留學生非常友善的學校。即使到現在為止，日本還是有很保守的傳統大學在規定跟要求上，不願對外國學生放鬆。但大阪大學卻不會，除了開放可以用英文寫畢業論文之外，像提供家教支援、日語選修課程、國際學生宿舍、甚至打工名額等等，無論是學習上或生活上都給予很多幫助。

在這裡，我也擁有一位很棒的老師。我的老師是國際武力紛爭法的權威，但在他身上，我只感受到一位偉大教師的謙遜跟努力。老師的研究室裡，有兩面排滿書櫃的牆壁，書櫃上塞了滿滿的書，地下跟桌子上也都放滿了書。除了學校的教學外，在各個國際法學會，甚至是國際組織單位裡，都有擔任一些工作。他就像一位慈父，對自己的學生非常愛護，並把學生的未來都視為自己的責任。

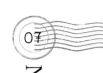

但他同時也是一位嚴師，尤其禮節的方面非常重視。在我的老師面前，絕對不能有輕率的態度，尤其在學習方面。我常常因為老師的和藹可親而不小心忘記分寸，這時候老師就會變得非常嚴厲。記得有一次我接下學校參訪團的翻譯工作，必須要請一天的假。我想說不是因為私事，理當不會有什麼問題，就簡單寫了一封信報告老師。結果老師勃然大怒，認為我在接下這份工作時怎麼沒有先徵詢他的意見，他也認為我對上課的態度過於輕率，沒有盡到學生的本分。那次的責備是我見過老師最可怕的樣子，嚇得我趕緊寫信道歉，害怕自己用詞不夠謙卑誠懇，還拜託日文造詣最高的吉良，幫我的信件內容做修正。

老師也是以同樣的標準在要求自己。只要我從台灣回到日本，都會記得帶一份土產給他，他都不會忘記特地寫一封信來道謝。過年的時候寄賀年卡，也會慎重地回寄一封，從來不會因為自己是老師，而表現出高高在上的態度。相反的，老師還會在論文指導會上的時候，發表自己的文章，請他的學生們一起對他的論文提出意見跟檢討。在日本，教授的社會地位非常崇高，尤其法律系的教授，因為學生遍地開花且多是社會的精英，對社會有很大的影響力。曾經聽過台灣在日辦事處的人員說過一段故事，有位台灣留學生因為在日本忘記隨身攜帶身分證明，而被抓進了警察局，幸好他的老師是法律系的教授，一下就把他從警察局裡救了出來。我的老師，即使已經站在教授的位子上，還是對待任何人都親切有禮，比起我曾經在唐吉訶德遇過指高氣昂的日本同事，這樣的人才是真正的偉大，才值得受人尊敬。我常常覺得進到老師門下，學到的不僅僅是國際法上的知識而已，更多的是做人的基本道理。

老師總是很希望把任何跟國際法有涉獵的人通通拉在一起，不管是學生，還是已經在工作的學長姐。在每個月的某一天，我們都會舉辦論文指導會，在學的學生要把自己目前所作的研究成果發表出來，老師會趁機提供指導。但不僅僅只有老師，還有過去已經畢業的學長姐們，都會千里迢迢的回到學校一起參加指導會，除了發表自己最近所撰寫的論文之外，也會對學弟妹們的論文構思提出建議。這就是日本以「研究者」養成為目標的教學模式。

過去在台灣的法律研究所，大家都把律師、司法官考試當做第一優先，即使有對教學極具熱忱的老師，學生也會為了把重心放在考試，而被迫放棄修課。所以除了為了考試而組織的讀書會以外，很難在校園裡見到這類以研究發表為目標的研究會。但日本的大學院不同，以成為大學教授為目標的大學院生們，最重要的工作就是發表優秀的論文，唯有在某個領域中能夠持續不斷發表新的論文受到肯定，才有機會得到大學正式的教職聘用。而我的老師手中畢業的學生，除了已經在各大學擔任研究員的學長姐之外，還有在自衛隊這類國防單位工作的前輩。老師都會趁著每個月的論文指導會把前輩們邀請回來，讓我們在學術的討論之外，也能得到很多實務上的知識。

在老師的用心經營下，我們這些來自同位老師門下的學生，關係都變得很緊密。除了在學的我、美慶、吉良、小山內，還有學姐松山，甚至屬於其他老師門下但也會出席我們的論文研究會的學生，以及更多已經畢業的學長姐，我們就像是一個大家族一樣，一個月一次的研究會，給予我們彼此適當的督促壓力，加上不多不少的關心，還有更多的學問交流，這才是真正的大學院生活，比起課堂上所得到的收穫更多。

碩士班最後的半年，我在昏天暗地的寫論文生涯中度過。我們研究科比起其他學科，論文的繳交及口試時間都更早。為了要畢業，我真的應該要向吉良下跪。不同於普通的課堂報告，碩士論文有更高的研究水平，這不是學政治出身的鈴木可以負荷的，再加上他對自己的論文也已經分身乏術。我很早就開始準備自己的論文，應該是全研究科最早的，因為我知道我自己的日文程度，如果沒有預留讓日本人幫我修改，以及老師審閱的時間，我一定趕不上繳交期限。所以我很早就把論文寫完，還成功的拜託了吉良修改我的論文。其實在過去學校也有提供一份打工，由學校劃撥薪水，讓留學生可以請日本學生幫忙修改論文。但今年因為我們研究科的經費不足，取消了這個支援。在沒有薪水的情況下，吉良還是願意幫忙修改，我這輩子真的欠他太多。

吉良其實不善於使用電腦，什麼追蹤修訂等等的文書功能他都不懂，他修改我將近七十頁的論文，採用的方法也都是先將論文印出，再用鋼筆直接在紙稿上修改。他認為，論文這樣重要的東西，尤其很多都是我自己的見解跟分析，很需要面對面的直接做檢討。因此從他決定要幫我修改論文之後，我們幾乎天天都在圖書館見面，他當場確認我想寫的內容之後在紙本上修改，我再當場用電腦同步做修正。本來這樣的分工模式也能有效率地進行，但我跟吉良都實在都太愛聊天了，每每修改、一個小時，我們就會聊天兩、三個小時，從他蒐集鋼筆的嗜好，聊到我的終身大事，嚴重拖累進度。往往從中午一點碰面，一路弄到晚上十點。吉良告訴我，他其實不喜歡做研究，他最大的興趣就是讀文學小說，每次自己在家讀書的時候，只要讀超過一個小時就會忍不住跑去做別的事，或是看小說，很難有那麼長的集中力。只有到每次要報告的時候，他才會連續兩天徹夜不眠不休，把報告給趕出來。因此看我的論文也是，只要超過一個小時他就沒有辦法專心。

雖然這麼辛苦，但他還是幫我把論文的大部分校正完畢，只剩下最後前言跟結論的部分，我實在不忍心，告訴他我一定會找到其他人幫忙。最後小山內答應支援，這件事被松山知道，她要我不要再去打擾吉良跟小山內這兩位跟我一樣要寫畢業論文的戰友，然後就自己跳出來幫我把剩下的部分都修正完畢。老師在看完我的論文初稿時，笑呵呵地對我說，他對我的論文已經「平氣」（日文裡放心的意思），還說不知道是誰用那麼漂亮的日文幫我改的。最後論文口試完，最終修正的部分由鈴木接手，幫我收尾做最後的檢查，在大家的幫忙下，我終於把畢業論文交出去了。

這故事告訴我們，來到日本留學，可以日文不好，但一定要人緣夠好。不是的，我覺得是天助自助者。如果下定決心完成一件事，全世界的人都會幫你，我就是最好的證明。從入學到畢業，一路上多少人對我伸出援手，讓我在超越自己能力的環境內，能堅持到現在。但最重要的，就是一定要讓自己先嘗試看看，沒有什麼事是不勞而獲。而除了要對一件事情夠堅持，也要努力讓自己結下善緣。在日本這麼長的時間，我也不是跟每個人都能成為朋友的，尤其性格鮮明的我，容易讓人對我不是喜歡就是討厭。但每一次的失敗我都會檢討自己，在過程中有沒有犯下錯誤，在下一次與人的交往上，絕對不要再犯。而和日本人交心也確實是不容易，尤其他們是這樣重視隱私的民族，但我認為只有不足夠的誠意，絕對沒有堅不可破的日本人。當你的心意受到他們的肯定，每個人都有可能會成為你的天使。

走到這一步，我也算是完成一個階段的任務，那下一個階段又會是什麼，我可以說是計畫好了，也可以說是沒有計畫。就像過去一樣，我在走每一步的時候都會一起思考著下一步，但世事難料，在計畫的同時也隨時應付著變化。我不想放棄嘗試，只要是能力範圍內的努力我都會去做，如果成功了，那就是我的了，如果失敗了，我也還有下一個目標可以去執行。

在擔任學校的翻譯工作的時候，我帶著一群台灣來的司法官們在大阪作交流。除了大阪大學之外，我們還去了法院、檢察署跟律師公會。其中在跟律師座談的那一次，最為驚心動魄，因為大阪辯護士會派出了十位律師，來跟台灣的十位法官座談。我坐在兩邊的中間，遙遠的對面是辯護士會的會長，討論的主題是刑事訴訟。律師方面有兩批人馬，一批是專業的刑事訴訟法律師，一批是專職國際交流的律師，就是會說中文的律師。我夾在雙方中做翻譯，但這樣的場面根本不是我能夠應付的。國際交流部有一位律師當會議主持，他的中文說得非常的好，當他發現我無法順利說明的時候，就會立刻接手幫我把翻譯做完。這次的翻譯工作給我很大的震撼教育，我深刻的體認到在學校所學的，跟實際能應用的會有多大的不同。縱使現在的我已經有足夠的閱讀日文論文的能力，但要實際上戰場還是遠遠的不足。不是代表我的日文能力還是很差，坐在我旁邊的那位台灣外交官，結束後特地告訴我，很佩服我能扛下這次翻譯的重擔，他幾乎一整場都不知道我們在討論些什麼。他說像這樣專業知識水準這麼高的座談會，即使是台灣在日辦事處派人出來，也不見得翻譯得出來。因為這一次的經驗，甚至讓他萌生想再讀一門專業的念頭。

而我也是，我也萌生好想再次回去工作的念頭！但不是逃回去台灣，而是想在日本就業！成為日文律師一直是我的夢想，想在自己的專業上自在運用兩種語言，我以為我能透過在日本留學而取得這項技能，但經過這次我發現只有書本顯然不夠，現實生活中還有太多太多是我在書中所無法學習到的。我以為我已經對工作不再有興趣，但只是小小的翻譯工作就再次讓我熱血沸騰。我終於清楚我需要的是什麼了，不是單純讀書或工作這樣的黑與白，而是想要一次又一次的刺激而已，我喜歡的就是一關又一關的可以跨越的挑戰而已！

因此我的博士計畫還在進行中，我依然懷著博士夢，但也早已開始盤算著接下來想做的是什麼，我想進入日本的事務所工作！為了能進入日本的法律事務所，我還有哪些條件要具備？還有什麼是不足的？是不是要再取考一個中國律師？光想著這些計畫就讓我的每一天很雀躍。而這些挑戰的盡頭是什麼？已經三十多歲的我，究竟為什麼一定要讓自己這樣不得停歇，有沒有一個最終的盡頭？

我想可能的答案是，想成為一個很帥氣的人吧。在每一個面貌，每一個場合裡，都能夠游刃有餘的一個很帥氣的人。而我未來的可能人生裡，還有可能會成為誰的老婆、變成誰的媽媽、甚至是誰的老闆，那又會有千變萬化的樣貌。所以我想，我可能窮極一生都會不斷地在追求吧！

在大阪打工換宿的房間。

應徵上麵包師的打工，
穿上廚師服還蠻有模有樣的。

麵店打工的薪水讓我的住宿費有著落。

往附近超市的路上，秋天的日本真的很美。

跟金玧昊合照，
他是讓我下定決
心考大學院的人。

參加校內詩歌朗誦比賽。

非常認真的在
上插花課。

每天只有兩小
時的讀書時間，
要徹底把握。

語言學校裡每
學期的期末都
會有的全班大
合照。

充斥著私法，公法甚至是訴訟法概念的國際法，學習起來一點也不輕鬆。

Ura常常會來我家和我一起念書、做飯。

我和老師的合照。

我的上學三寶：國際法條約集、小六法、日語辭典。

在唐吉訶德打工的同事們。

阪大校園內，銀杏飄落滿地。

在唐吉訶德時，主要
負責販售精品。

聖誕節的變裝。

辦在大阪城裡的阪大入學典禮，跟印度朋友 Pramod 一起去參加。

大學的園遊會。

我在第二研究室的座位。

日本校園裡常會見到以研究發表為目標的研究會。

對拘謹的鈴木來說，拍攝這種情侶合照，是他人生的極大突破。

跟鈴木一起為婚紗公司拍攝浴衣照片。

嚴島神社岸邊的鈴木背影。

跟鈴木一起去過很多地方，也幫我拍下了很多有趣照片。

日本最漂亮的時候，
就是櫻花時節。

全家人到日本來找我玩。

大學院的同學們。

我也走遍了日本
很多美麗的地方。

順利領到碩士的畢業證書！

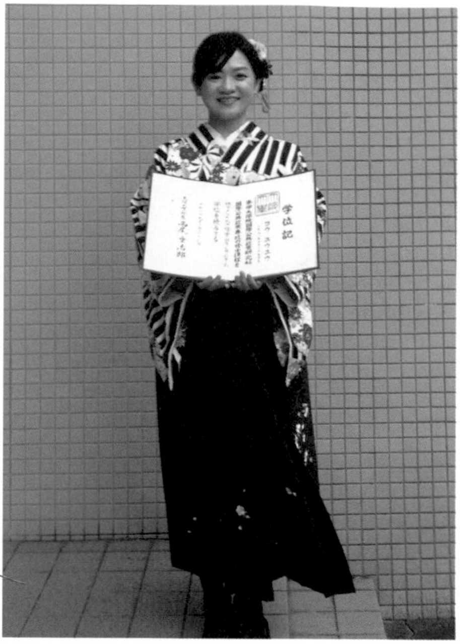

最後終於穿上日本畢業典禮的傳統服飾「袴」（HAKAMA）。

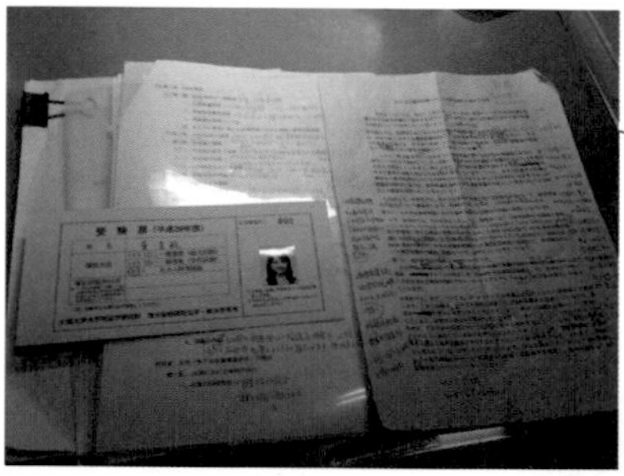

準備博士入學考試。

我希望自己無論在哪裡，都能游刃有餘的當一個很帥氣的人。

寫在最後

距離起筆，已經過了好長好長一段時間，長到都快忘記當初寫這本書的初衷。一開始只想把自己的故事說給別人聽，想給別人一點勇氣，想讓大家知道，這一切的開始跟經過，其實都會比想像中再更簡單容易。如果當初的我，也能有人這樣告訴我：這些事情的完成，其實都操縱在自己的手裡。那我一定會更早跨越出去。

但寫到最後，我又萌生另一種想法，沒有什麼收穫是不需要拿出什麼去做交換。這幾年在國外的時間，我操心自己的事就已經忙得不可開交，卻忘記向前跑的同時，身旁的人也同樣不會為我等待。最親愛的雙胞胎姐姐出嫁了，外公外婆年老了，五年多的時間我覺得好短，卻已經足夠讓一切變化得好多好快。

究竟人生什麼才是值得，金錢、家庭、成就、夢想，根本就沒有正確答案，我可以告訴大家我實現了夢想，卻說不出我對家庭有什麼貢獻。沒有十全十美的人，也同樣沒有十全十美的人生，唯一要堅持的是，至少要有一次自己選擇的機會，一次選擇自己人生的權利。不論是想到國外冒險，還是想在國內深耕，都一定要是自己深思熟慮所做下的決定，唯有自己做了決定，才能夠承受最後的不管是美實還是苦果。

我想感動每一個閱讀這個故事的人，想讓你們也有決定自己人生的勇氣。可以選擇出走，也可以選擇安定，每一種人生都有辛苦，也有它的美麗。無論如何，自己選擇的終究不會為了沒有選擇過而後悔難過。

祝福每一個做下決定的人。

最後請讓我留有一些篇幅，我想謝謝我的爸爸、媽媽、姐姐、老二、郭庭，謝謝他們從來沒有說出口，也不願意承認，卻一直默默支持我到如今。

我不是叛逆，只是想活得更精彩
小律師的逃亡日記

作　　者　黃昱毓
編　　輯　黃馨慧
美術設計　劉旻旻
校　　對　黃馨慧、翁瑞祐

發 行 人　程顯灝
總 編 輯　呂增娣
主　　編　翁瑞祐、羅德禎
編　　輯　鄭婷尹、邱昌昊、黃馨慧
美術主編　劉錦堂
美術編輯　曹文甄
行銷總監　呂增慧
資深行銷　謝儀方
行銷企劃　李承恩
發 行 部　侯莉莉
財 務 部　許麗娟、陳美齡
印　　務　許丁財

出 版 者　四塊玉文創有限公司
總 代 理　三友圖書有限公司
地　　址　106台北市安和路二段二一三號四樓
電　　話　(02) 2377-4155
傳　　真　(02) 2377-4355
E－mail　service@sanyau.com.tw
郵政劃撥　05844889 三友圖書有限公司

總 經 銷　大和書報圖書股份有限公司
地　　址　新北市新莊區五工五路二號
電　　話　(02) 8990-2588
傳　　真　(02) 2299-7900

製　　版　興旺彩色印刷製版有限公司
封面印刷　鴻海科技印刷股份有限公司
內文印刷　靖和彩色印刷有限公司

初　　版　二〇一七年四月
定　　價　新台幣三五〇元
ISBN　978-986-94592-1-1（平裝）

國家圖書館出版品預行編目 (CIP) 資料

我不是叛逆，只是想活得更精彩：小律師的逃亡日記／黃昱毓著. -- 初版. -- 臺北市：四塊玉文創，2017.04
面；公分
ISBN 978-986-94592-1-1（平裝）

1. 旅遊文學 2. 世界地理
719　　106004049

推薦 給你的世界之旅

100家東京甜點店朝聖之旅：
漫遊東京的甜點地圖
Daruma 著／定價420元

去東京，不吃甜點就太可惜了！本書蒐羅在日本東京的100家甜點專賣店，帶你走遍大街小巷的老舖新店，品嘗甜點，拜訪職人，體驗不一樣的朝聖之旅！

女孩們的東京漫步地圖
沈星曨 著／定價240元

旅行，可以很日常！文具與器皿、雜貨與書、美食咖啡……五十處內行人才知道的東京風格店舖，感受生活中的創意與美好，邀你一同踏上這趟東京文創之旅。

東京・裏風景 深旅行：
19條私旅路線，218個風格小店，大滿足的旅程！
羅恩靜、李荷娜 著、韓曉臻 譯／定價380元

兩個在東京工作的女生，以不同於當地人的觀點，也非一般觀光客走馬看花式的淺顯印象，帶著讀者遊逛個性十足、充滿魅力的東京。大口吃、用力買，感受與以往截然不同的旅遊樂趣。

倫敦樂遊：
暢遊英倫不能錯過的100個吃喝買逛潮夯好點
沈希臻 著／定價350元

如果你追求不同凡俗的流行時尚、嚮往優雅迷人的英式風格，那你一定不能錯過這本書。100個最值得推薦，好吃、好買、好逛、好看的潮夯好點，完整體驗專屬倫敦的城市魅力！

倫敦地鐵購物遊：
5大區人氣商圈x300家精選好店，時尚達人帶你走跳倫敦
蔡志良 著／定價450元

究竟什麼是英倫時尚？又該如何抓住折扣良機？就讓倫敦旅遊達人告訴你！搭乘地鐵，穿梭夢幻倫敦，從時尚精品、街巷美食到創意小店，精選300家特色好店，帶你樂遊倫敦Easy購！

曼谷。午茶輕旅行：
走訪30家曼谷人氣咖啡館
莊馨云、鄭雅綺 著／定價260元

曼谷不僅有捷運、地鐵交通便利，還有許多的日常設計，多種風情的咖啡館，本書帶領讀者造訪內行人才知道的好味道，蒐羅曼谷最經典、最有趣、最浪漫的咖啡風情！

廣 告 回 函
台北郵局登記證
台北廣字第2780號

地址：　　　縣/市　　　鄉/鎮/市/區　　　路/街

段　　巷　　弄　　號　　樓

SANYAU

三友圖書有限公司 收

SANYAU PUBLISHING CO., LTD.

106　台北市安和路2段213號4樓

SANYAU
三友圖書
讀書俱樂部

「填妥本回函，寄回本社」，即可免費獲得好好刊。

【黏貼處】對折後寄回，謝謝。

親愛的讀者：

感謝您購買《我不是叛逆，只是想活得更精彩》一書，為感謝您對本書的支持與愛護，只要填妥本回函，並寄回本社，即可成為三友圖書會員，將定期提供新書資訊及各種優惠給您。

姓名＿＿＿＿＿＿＿＿ 出生年月日＿＿＿＿＿＿＿＿

電話＿＿＿＿＿＿＿＿ E-mail＿＿＿＿＿＿＿＿

通訊地址＿＿＿＿＿＿＿＿

臉書帳號＿＿＿＿＿＿＿＿

部落格名稱＿＿＿＿＿＿＿＿

1 年齡
□ 18 歲以下 □ 19 歲～ 25 歲 □ 26 歲～ 35 歲 □ 36 歲～ 45 歲 □ 46 歲～ 55 歲
□ 56 歲～ 65 歲 □ 66 歲～ 75 歲 □ 76 歲～ 85 歲 □ 86 歲以上

2 職業
□軍公教 □工 □商 □自由業 □服務業 □農林漁牧業 □家管 □學生
□其他＿＿＿＿＿＿＿＿

3 您從何處購得本書？
□博客來 □金石堂網書 □讀冊 □誠品網書 □其他＿＿＿＿＿＿＿＿
□實體書店＿＿＿＿＿＿＿＿

4 您從何處得知本書？
□博客來 □金石堂網書 □讀冊 □誠品網書 □其他＿＿＿＿＿＿＿＿
□實體書店＿＿＿＿＿＿＿＿ □ FB（三友圖書 - 微胖男女編輯社）
□三友圖書電子報 □好好刊（雙月刊）□朋友推薦 □廣播媒體

5 您購買本書的因素有哪些？（可複選）
□作者 □內容 □圖片 □版面編排 □其他＿＿＿＿＿＿＿＿

6 您覺得本書的封面設計如何？
□非常滿意 □滿意 □普通 □很差 □其他＿＿＿＿＿＿＿＿

7 非常感謝您購買此書，您還對哪些主題有興趣？（可複選）
□中西食譜 □點心烘焙 □飲品類 □旅遊 □養生保健 □瘦身美妝 □手作 □寵物
□商業理財 □心靈療癒 □小說 □其他＿＿＿＿＿＿＿＿

8 您每個月的購書預算為多少金額？
□ 1,000 元以下 □ 1,001 ～ 2,000 元 □ 2,001 ～ 3,000 元 □ 3,001 ～ 4,000 元
□ 4,001 ～ 5,000 元 □ 5,001 元以上

9 若出版的書籍搭配贈品活動，您比較喜歡哪一類型的贈品？（可選 2 種）
□食品調味類 □鍋具類 □家電用品類 □書籍類 □生活用品類 □ DIY 手作類
□交通票券類 □展演活動票券類 □其他＿＿＿＿＿＿＿＿

10 您認為本書尚需改進之處？以及對我們的意見？

＿＿＿＿＿＿＿＿

感謝您的填寫，

您寶貴的建議是我們進步的動力！

【黏貼處】對折後寄回，謝謝。

R U N A W A Y

L A W Y E R ' S

D I A R Y

R U N A W A Y

L A W Y E R ' S

D I A R Y